CB070280

SÉBASTIEN DURAND-VIEL
TRADUÇÃO: LANA LIM

TUDO SOBRE VINHOS

EDITORA SENAC SÃO PAULO – SÃO PAULO – 2022

Administração Regional do Senac no Estado de São Paulo
Presidente do Conselho Regional: Abram Szajman
Diretor do Departamento Regional: Luiz Francisco de A. Salgado
Superintendente Universitário e de Desenvolvimento: Luiz Carlos Dourado

Editora Senac São Paulo
Conselho Editorial: Luiz Francisco de A. Salgado
　　　　　　　　　Luiz Carlos Dourado
　　　　　　　　　Darcio Sayad Maia
　　　　　　　　　Lucila Mara Sbrana Sciotti
　　　　　　　　　Luís Américo Tousi Botelho

Gerente/Publisher: Luís Américo Tousi Botelho
Coordenação Editorial: Verônica Pirani de Oliveira
Prospecção: Andreza Fernandes dos Passos de Paula, Dolores Crisci Manzano, Paloma Marques Santos
Administrativo: Marina P. Alves
Comercial: Aldair Novais Pereira
Comunicação e Eventos: Tania Mayumi Doyama Natal

Tradução: Lana Lim
Edição de Texto: Heloisa Hernandez e Eloiza Mendes Lopes
Preparação de Texto: Maísa Kawata
Coordenação de Revisão de Texto: Marcelo Nardeli
Revisão de Texto: Bruna Baldez e Maitê Zickuhr
Ilustrações (páginas pares): Bertrand Loquet
Ilustrações (páginas ímpares): Hubert Van Rie
Projeto gráfico: Marie-Paule Jaulme
Produção: Stéphanie Vieux
Coordenação de Arte: Antonio Carlos De Angelis
Editoração eletrônica: Manuela Ribeiro
Impressão e Acabamento: Maistype

Título original: Simplissime Le livre sur le vin le + facile du monde
© Hachette-Livre (Hachette Pratique), 2020

Todos os direitos de tradução, adaptação e reprodução, total ou parcial, para qualquer uso, por qualquer meio que seja, são reservados para todos os países.

Nenhuma parte desta publicação poderá ser reproduzida, guardada pelo sistema "retrieval" ou transmitida de qualquer modo ou por qualquer outro meio, seja este eletrônico, mecânico, de fotocópia, de gravação, ou outros, sem prévia autorização, por escrito, da Editora Senac São Paulo.

Todos os direitos desta edição reservados à
Editora Senac São Paulo
Av. Engenheiro Eusébio Stevaux, 823 – Prédio Editora
Jurubatuba – CEP 04696-000 – São Paulo – SP
Tel. (11) 2187-4450
editora@sp.senac.br
http://www.editorasenacsp.com.br

© Editora Senac São Paulo, 2022

Dados Internacionais de Catalogação na Publicação (CIP)
(Simone M. P. Vieira – CRB 8ª/4771)

Durand-Viel, Sébastien.
　　Tudo sobre vinhos / Sébastien Durand-Viel; tradução de Lana Lim – São Paulo : Editora Senac São Paulo, 2022.

　　Bibliografia.
　　ISBN 978-85-396-3852-9 (Impresso/2022)
　　e-ISBN 978-85-396-3853-6 (ePub/2022)

　　1. Gastronomia : Bebidas　2. Vinho (Produção)
3. Vinho (História)　4. Bebidas alcoólicas　I. Título.

22-1763g　　　　　　　　　　　　　　　　CDD – 641.22
　　　　　　　　　　　　　　　　　　BISAC CKB126000

Índice para católogo sistemático:
　1. Vinho : Gastronomia　641.22
　　2. Alimentos: Bebidas　641
　　3. Vinho (Produção)　663.2

Para você, caro leitor, que sempre perguntou quando seria lançada uma obra sobre vinhos com linguagem acessível, mas sem dever nada em relação ao conteúdo, aqui está ela!

O vinho é um assunto ao mesmo tempo simples e complexo, e, para ajudar o leitor a entendê-lo melhor, seguimos a sugestão e concordamos que o tema merecia "seu grande livro".

A bebida é simples, porque vinho é uva. Fermentada, é verdade, mas uva e nada além disso. No entanto, por trás dessas pequenas bagas, existem centenas e centenas de componentes.

Simples, também, porque vinho, antes de tudo, tem a ver com prazer, partilha, convivência. Contudo, por trás dessa noção de prazer, o vinho recorre a técnicas que não têm nada de simples, a *terroirs* e regiões de imensa variedade, assim como a homens e mulheres que possuem suas próprias sensibilidades.

Simples, enfim, porque vinho é uma questão de gosto, é simplesmente sentir se "gosto ou não gosto". No entanto, todos ficamos um pouco intimidados com a ideia de dar nossa opinião sobre um vinho que degustamos. Temos medo de falar besteira, de não termos conhecimento para emitir uma opinião, sempre pensando que falar de vinho é coisa de especialistas ou que vinho é um assunto complexo, e isso nos deixa complexados.

A ideia deste livro é tirar esses complexos e deixar você à vontade no universo do vinho.

Com esta obra, você vai descobrir uma série de coisas apaixonantes, vai aprender a comprar melhor, degustar melhor, conservar melhor e, sobretudo, a entender melhor o vinho. Seu prazer será muito maior ao abrir sua próxima garrafa.

Por meio de cem perguntas e respostas, *Tudo sobre vinhos* o convida para uma grande viagem, que parte do interior de uma baga de uva até os confins da Ásia. Uma viagem excepcional, repleta de cores, aromas e sabores. Uma viagem pedagógica, é verdade, mas que o transporta para outros lugares.

Um brinde a você! Saúde! Boa leitura e boa viagem!

COMO USAR

Este livro percorre, em mais de cem tópicos, todos os aspectos do rico e variado mundo dos vinhos:

- O que é vinho?
- O que acontece nas vinhas?
- O que acontece na adega de vinificação e como se fabrica o vinho?
- Como harmonizar vinhos e pratos?
- Como escolher, comprar e conservar vinhos?
- Como degustar vinhos?
- Quais são as grandes regiões vinícolas da França e do mundo?

Se você se faz essas perguntas e está em busca de respostas diretas, acessíveis e sem complicações, este livro é feito para você!

Cada pergunta sobre o vinho é abordada em uma página dupla com textos concisos, claros, precisos e ilustrados com imagens.
No alto da página, encontra-se uma pergunta: o que é casta?
Como se produz vinho tinto? De onde vêm os aromas de um vinho?
Na página da esquerda, você encontra *cards* ilustrados que respondem à pergunta de maneira precisa, mas muito sintética.
Na página da direita, uma breve explicação esclarece ainda mais o assunto, complementada por uma grande ilustração.

① Pergunta

② Resposta explicada em no máximo 6 itens

QUAIS SÃO OS DIFERENTES ESTILOS DE VINHO TINTO?

Frescos e leves
Muitas vezes pouco coloridos e não amadeirados, eles têm a seu favor a leveza, o frescor, a maciez, taninos muito discretos e aromas de frutas frescas, como os vinhos do Beaujolais, do Vale do Loire ou de Savoie produzidos a partir da Gamay, Bardolino ou Valpolicella (Itália).

Carnosos e frutados
Têm mais corpo, taninos mais marcados, mas suaves, aromas de frutas frescas ou mais maduras, a depender do clima, amadeirados ou não. O estilo vai do fresco (certos Bordeaux, Sancerre, a maioria dos Borgonha, Anjou, Bourgueil) ao mais caloroso (Côtes-du-Rhône, Languedoc, Côtes de Provence).

Tânicos e encorpados
Vinhos de Bordeaux (Pauillac, Pessac-Léognan, Saint-Julien), Sud-Ouest (Cahors, Madiran), norte do Rhône (Cornas, Côte-Rôtie), alguns da Borgonha (Gevrey-Chambertin, Pommard): são vinhos coloridos, amadeirados, de grande guarda, intensos, frescos, de taninos sólidos.

Solares e condimentados
Produzidos em climas ensolarados, são ricos, suaves, calorosos, pouco ácidos, dotados de aromas de geleias de frutas, especiarias ou aromáticos. Na França, são encontrados no sul do Vale do Rhône, em Languedoc ou na Provence.

Doces e calorosos
Obtidos através da fortificação, originados de climas e uvas muito maduras, os vinhos doces naturais são calorosos (16° a 20°), encorpados e perfumados, dotados de aromas de geleia de frutas negras e especiarias que evoluem com o tempo para frutas cristalizadas ou secas.

Os raros efervescentes
Existem raros exemplos de vinhos tintos efervescentes, sobretudo na Itália (Lambrusco, Brachetto d'Acqui). Secos ou ligeiramente doces, frescos sem serem vibrantes demais, eles oferecem aromas nítidos de frutas vermelhas aciduladas.

O estilo de um vinho é seu caráter, sua personalidade, ou seja, os aspectos dominantes de seu gosto: leve ou encorpado, fresco ou caloroso, macio ou tânico... A grande família dos vinhos tintos pode ser dividida em cinco categorias: frescos e leves, carnosos e frutados, encorpados e tânicos, solares e condimentados, doces e calorosos. Alguns raros espumantes também são dignos de nota.

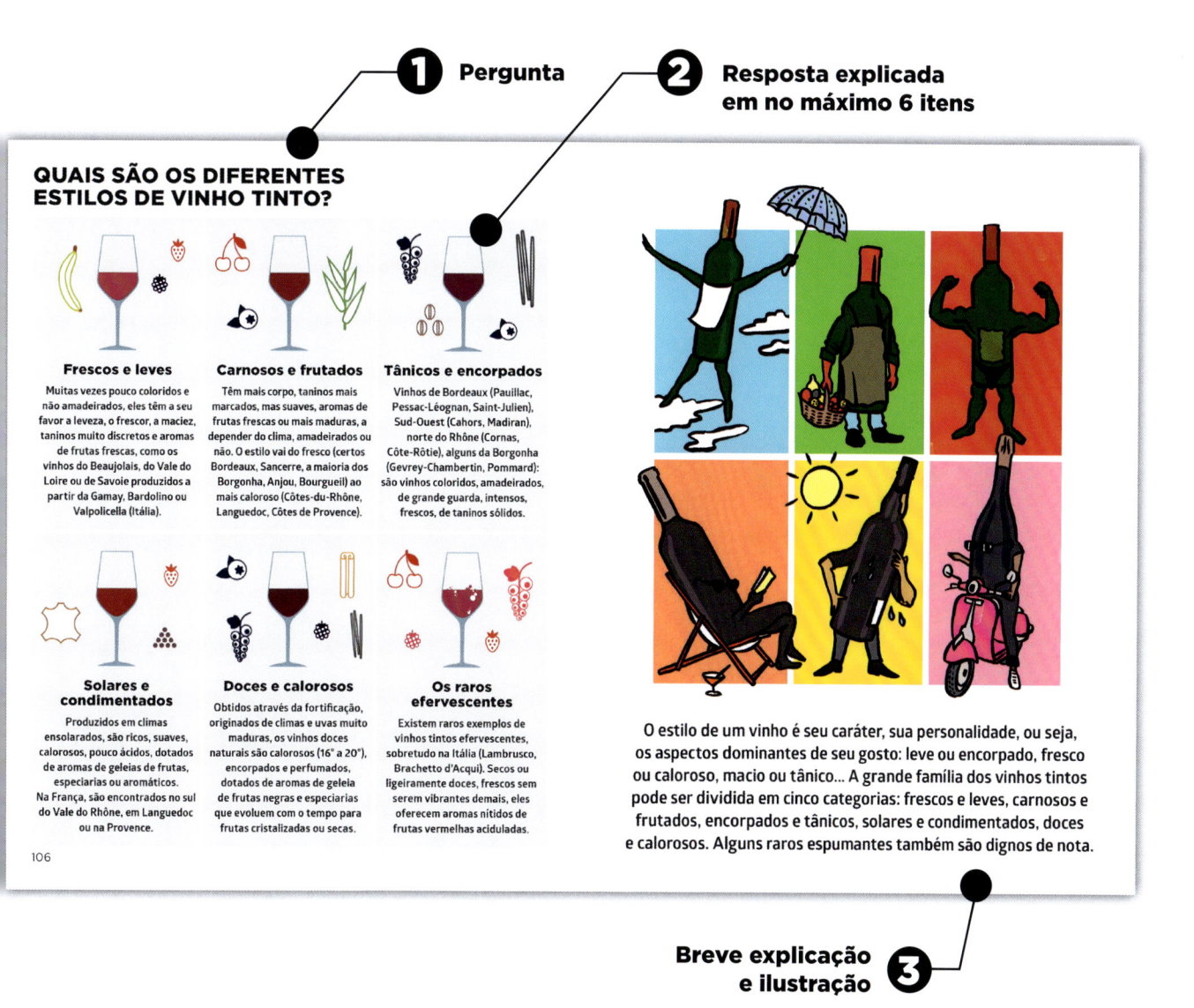

③ Breve explicação e ilustração

É isso.
Agora, deixe-se levar ao coração das vinhas e do vinho!

SUMÁRIO

Nota da edição brasileira	11
O que é vinho?	12
Desde quando se produz vinho?	14
Onde se produz vinho hoje em dia?	16
O que compõe uma baga de uva?	18
O que é uma cepa?	20
Quais são as principais cepas tintas?	22
Quais são as cepas brancas mais conhecidas do mundo?	24
Do que precisa a videira para produzir boas uvas?	26
Quais são os climas certos para a videira?	28
O que é *terroir*?	30
Quais são os inimigos da videira?	32
Quais são as etapas de crescimento da videira?	34
Quando e como colher as uvas?	36
O que é uma adega de vinificação?	38
O que é fermentação?	40
O que é maturação?	42
Por que utilizar barris de carvalho?	44
Por que colocar enxofre no vinho?	46
Por que utilizar rolhas de cortiça?	48
Quais são os principais tipos de vinhos?	50
Como se produz vinho tinto?	52
Como se produz vinho branco?	54
Como se produz vinho rosé?	56
Como se produz Champagne?	58
Como se produz Prosecco?	60
Como se produz vinho branco doce?	62

Como se produz vinho fortificado?	64
O que compõe o preço de um vinho?	66
Onde comprar?	68
Como não errar na compra?	70
Vinhos orgânicos, biodinâmicos, veganos, sustentáveis: o que são?	72
Quais são as menções obrigatórias no rótulo?	74
Quais são as principais menções facultativas no rótulo?	76
Quais são as grandes categorias de vinhos?	78
Quais vinhos têm potencial de envelhecimento?	80
Como conservar seus vinhos de guarda?	82
Como conservar uma garrafa depois de aberta?	84
Como compor uma adega?	86
Quais são os tipos de adega?	88
Quais são as formas e os tamanhos de garrafa?	90
O que faz o sabor de um vinho?	92
Como degustar um vinho?	94
O que compõe o aspecto visual de um vinho?	96
Quais são as cores dos vinhos?	98
De onde vêm os aromas de um vinho?	100
Quais são as grandes famílias de aromas?	102
Como provar um vinho?	104
Quais são os diferentes estilos de vinho tinto?	106
Quais são os diferentes estilos de vinho branco e rosé?	108
Quais são os principais defeitos do vinho?	110
Como harmonizar pratos e vinhos?	112
Que vinho tomar em cada ocasião?	114
A que temperatura servir os vinhos?	116
Como gelar um vinho?	118

Por que utilizar um decanter?	**120**
Como é uma boa taça de vinho?	**122**
Quais vinhos servem como aperitivos?	**124**
Que vinhos harmonizam com peixes e crustáceos?	**126**
Que vinhos harmonizam com carnes e charcutarias?	**128**
Que vinhos harmonizam com queijos?	**130**
Que vinhos harmonizam com sobremesas?	**132**
O que comer com vinhos tintos leves?	**134**
O que comer com vinhos tintos encorpados?	**136**
O que comer com vinhos brancos leves?	**138**
O que comer com vinhos brancos secos encorpados?	**140**
O que comer com vinhos gaseificados leves?	**142**
O que comer com vinhos doces?	**144**
O que comer com vinhos rosés?	**146**
Como é a região vinícola da Alsácia?	**148**
Como são os vinhos da Alsácia?	**150**
Como é a região vinícola do Beaujolais?	**152**
Como são os vinhos do Beaujolais?	**154**
Como é a região vinícola de Bordeaux?	**156**
Como são os vinhos de Bordeaux?	**158**
Como é a região vinícola da Borgonha?	**160**
Como são os vinhos da Borgonha?	**162**
Como é a região vinícola de Champagne?	**164**
Como são os vinhos de Champagne?	**166**
Como são as regiões vinícolas do Jura e de Savoie?	**168**
Como são os vinhos do Jura e de Savoie?	**170**
Como é a região vinícola de Languedoc-Roussillon?	**172**

Como são os vinhos de Languedoc-Roussillon?	**174**
Como é a região vinícola da Provence e da Córsega?	**176**
Como são os vinhos da Provence e da Córsega?	**178**
Como é a região vinícola do Sud-Ouest?	**180**
Como são os vinhos do Sud-Ouest?	**182**
Como é a região vinícola do Vale do Loire?	**184**
Como são os vinhos do Vale do Loire?	**186**
Como é a região vinícola do Vale do Rhône?	**188**
Como são os vinhos do Vale do Rhône?	**190**
Como é a região vinícola da Itália?	**192**
Quais são os principais vinhos italianos?	**194**
Como é a região vinícola da Espanha?	**196**
Quais são os principais vinhos espanhóis?	**198**
Como é a região vinícola de Portugal?	**200**
Quais são os principais vinhos portugueses?	**202**
Como é a região vinícola da Alemanha?	**204**
Quais são os principais vinhos alemães?	**206**
Há outras regiões vinícolas europeias?	**208**
Como é a região vinícola da América do Norte?	**210**
Como é a região vinícola da América do Sul?	**212**
Como é a região vinícola da Oceania?	**214**
Como é a região vinícola da África?	**216**
Como é a região vinícola da Ásia?	**218**
Índice remissivo	**220**

NOTA DA EDIÇÃO BRASILEIRA

Fazer uma abordagem simples ao vinho é a intenção deste livro. Muitos se sentem intimidados quando vão opinar sobre essa bebida, que é tão estudada e tradicional, mas que não é diferente das outras no que diz respeito à satisfação do consumidor quando se quer responder a uma pergunta tão elementar: agrada ou não? Há alguns elementos básicos para justificar essa opinião, e o objetivo desta obra é apresentá-los de maneira objetiva.

Composição da bebida, história, tipos de uva, modos de produção, formas de armazenamento, formatos e tamanhos de garrafa, harmonização com pratos, métodos de degustação, características de regiões vinícolas tradicionais de todo o mundo: esses são alguns temas apresentados e explorados nesta obra fartamente ilustrada.

Com este lançamento, o Senac São Paulo oferece elementos fundamentais para o profissional de gastronomia, enologia e culinária, bem como para os muitos indivíduos apaixonados por vinho no país, explicitados de maneira clara e divertida.

O QUE É VINHO?

Mais de mil componentes

Vinho é simples: uva e nada além de uva, mas uva fermentada, ou seja, transformada. Uma vez dissecada, a bebida fica mais complexa, já que o vinho pode conter até mil componentes diferentes.

Água acima de tudo

O vinho é composto essencialmente por água (cerca de 80%), o que o torna leve comparado a muitas outras bebidas alcoólicas. Essa água não é adicionada, ela provém exclusivamente da polpa da uva.

Álcool

O álcool do vinho resulta da transformação do açúcar da uva pelas leveduras por meio da fermentação. Em teoria, quanto mais açúcar tiver a uva, mais alcoólica será a bebida. A maior parte dos vinhos contém entre 11% e 15% de álcool.

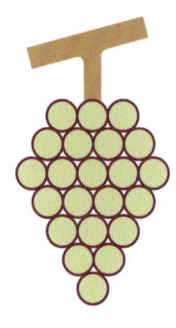

Taninos

No chá que permaneceu muito tempo em infusão, pode-se sentir uma secura passageira ou até um leve amargor. Os responsáveis por isso são os taninos, existentes em vários vegetais, entre eles a uva. Localizados na casca da uva, eles estão presentes sobretudo nos vinhos tintos.

Aromas

Aroma é uma molécula leve que caminha até o nariz, podendo ter cheiro de cassis, baunilha, limão... Ele provém da uva e da fermentação e se transforma com o tempo. Embora um vinho possa conter centenas de aromas, só percebemos alguns.

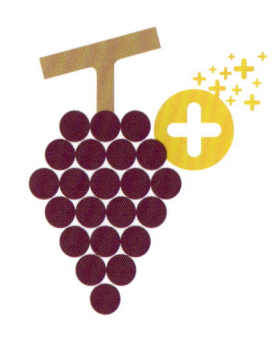

Acidez

Originada da uva, uma das frutas mais ácidas que existem, a acidez dá sensação de frescor, vivacidade e provoca ligeira salivação quando se degusta um vinho. O vinho, em especial o branco, possui mais acidez que a maior parte das bebidas alcoólicas.

Vinho é antes de tudo uva, mas uva fermentada: o açúcar das bagas é transformado em álcool por fungos chamados leveduras. O vinho é composto por álcool, mas não somente, porque na bebida também se encontram taninos, aromas, ácidos, perfumes, um pouco de euforia e, sobretudo, muita água e prazer.

DESDE QUANDO SE PRODUZ VINHO?

Origem

Remonta a tempos imemoriais. Arqueólogos encontraram resíduos de vinho com 7 mil a 8 mil anos de idade em diversas regiões do Cáucaso e do Oriente Médio. Um dos manuscritos mais antigos da humanidade, a *Epopeia de Gilgámesh* (3000 a.C.), já mencionava o vinho.

Egípcios

É verdade que os egípcios da Antiguidade apreciavam mais a cerveja, mas os paladares refinados, a começar pelo dos faraós, não recusavam uma boa taça de vinho do Nilo. Nas ânforas, às vezes havia a inscrição da safra ou do nome do vinicultor.

Dionísio ou Baco

Gregos e romanos cultuavam a videira, o vinho e o deus Dionísio ou Baco. Agrônomos, poetas, médicos e filósofos conversavam sobre vinhos, cepas e vinificação. A conquista romana difundiu o gosto pelo vinho e a cultura da vinha para todo o Império.

Monges vinicultores

Para os cristãos, vinho é, acima de tudo, o sangue de Cristo. É uma das razões que fizeram dos monges os grandes vinicultores da Idade Média. Necessário para os cultos, o vinho era também produto de prestígio, trocas e hospitalidade.

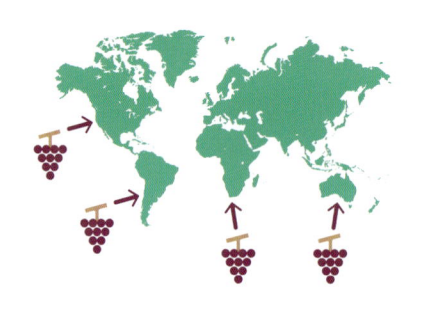

Conquistando o mundo

Em sua expansão pelo planeta a partir do século XV, os europeus não se esqueceram de transportar algumas mudas de parreiras para a América, a África do Sul, a Ásia e a Oceania. A uva é hoje cultivada nesses quatro continentes.

Comemos uva há 500 mil anos, e bebemos vinho há 8 mil. Devemos agradecer aos ancestrais dos atuais turcos, iranianos, georgianos e armênios, pois foi no Cáucaso e no Oriente Médio que o vinho nasceu. Muito antes de nós, os faraós, os gregos, os romanos, os monges e o mundo inteiro brindaram aos prazeres do vinho.

ONDE SE PRODUZ VINHO HOJE EM DIA?

Europa

Há mais de 2 mil anos o vinho faz parte da cultura dos europeus, e quase um em cada dois vinhos produzidos no mundo vem da Europa. De Portugal até a Rússia, a vinha está presente na maioria dos países. Itália, França e Espanha são de longe os maiores produtores mundiais.

América

A uva é cultivada na América, do norte ao sul, desde o Canadá até a Patagônia. Os Estados Unidos descobriram uma paixão recente pelo vinho a ponto de se tornarem o maior mercado do mundo. Na América do Sul, os vinhos da Argentina e do Chile são bem conhecidos.

África

Embora o clima africano seja quente demais para a uva em grande parte do continente, a fruta encontrou refúgio em alguns planaltos da Etiópia, mas sobretudo no norte e no sul do continente, no Magrebe e na África do Sul.

Ásia

Embora se produza vinho em uma dezena de países da Ásia, do Oriente Médio até o Japão, a China é de longe a principal produtora. Com o estímulo do gosto recente dos chineses pelo vinho, foram introduzidos grandes vinhedos no centro e norte do país.

Oceania

Dois países são conhecidos pela qualidade de seus vinhos: a Austrália, que produz vinhos mais fortes e encorpados nas regiões do sul; e a Nova Zelândia, região vinícola no extremo do mundo, conhecida por seus vinhos brancos vibrantes e perfumados.

O vinho é uma bebida universal: 90 países cultivam
vinhas em mais de 7,5 milhões de hectares ao redor do mundo.
Onde quer que haja clima favorável, há vinhedos.
A Europa, com sua antiga tradição vitícola, continua sendo
o grande continente do vinho, mas hoje há vinhas na América,
na África, na Ásia e até na Oceania.

O QUE COMPÕE UMA BAGA DE UVA?

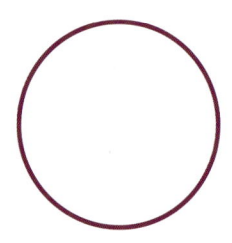

Casca
Recobre e protege a polpa. Sua espessura varia de acordo com a variedade da uva, e pode ser de diferentes cores, desde verde até preta. Contém os taninos, os aromas e os compostos que conferem a cor aos vinhos tintos.

Polpa
É a carne da uva, de onde se tira o suco. Geralmente incolor, qualquer que seja a cor da casca, ela representa mais de 75% do peso da baga. Além de água, contém açúcares, ácidos e aromas.

Sementes
Todas as uvas utilizadas para produzir vinhos têm sementes (até quatro, dependendo da variedade). As sementes contêm taninos úteis para o vinho tinto e óleos amargos que se procura não usar na vinificação.

Engaço
É a parte que sustenta as uvas e as une à planta, permitindo o transporte da seiva. Pode dar um gosto desagradável e amargo e, salvo exceções, é separado da uva antes da fermentação pelo processo de desengace.

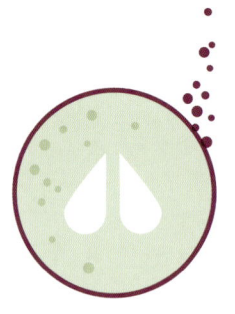

Aromas
Estão presentes em todas as partes da uva, em especial na casca e na polpa. Certos aromas são detectáveis logo que se morde uma baga fresca, como na Moscatel. Outros aromas são revelados durante a fermentação.

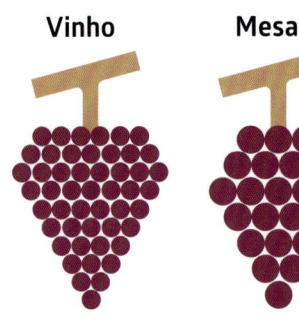

Uva para vinhos, uva de mesa
Vinho | Mesa

A uva para produção de vinho costuma ser diferente da uva de mesa, consumida fresca: suas sementes costumam ser menores, e a uva de vinho é menos suculenta e tem casca mais grossa. Certas cepas podem servir para ambos os usos.

Engaço

Polpa

Sementes

Casca

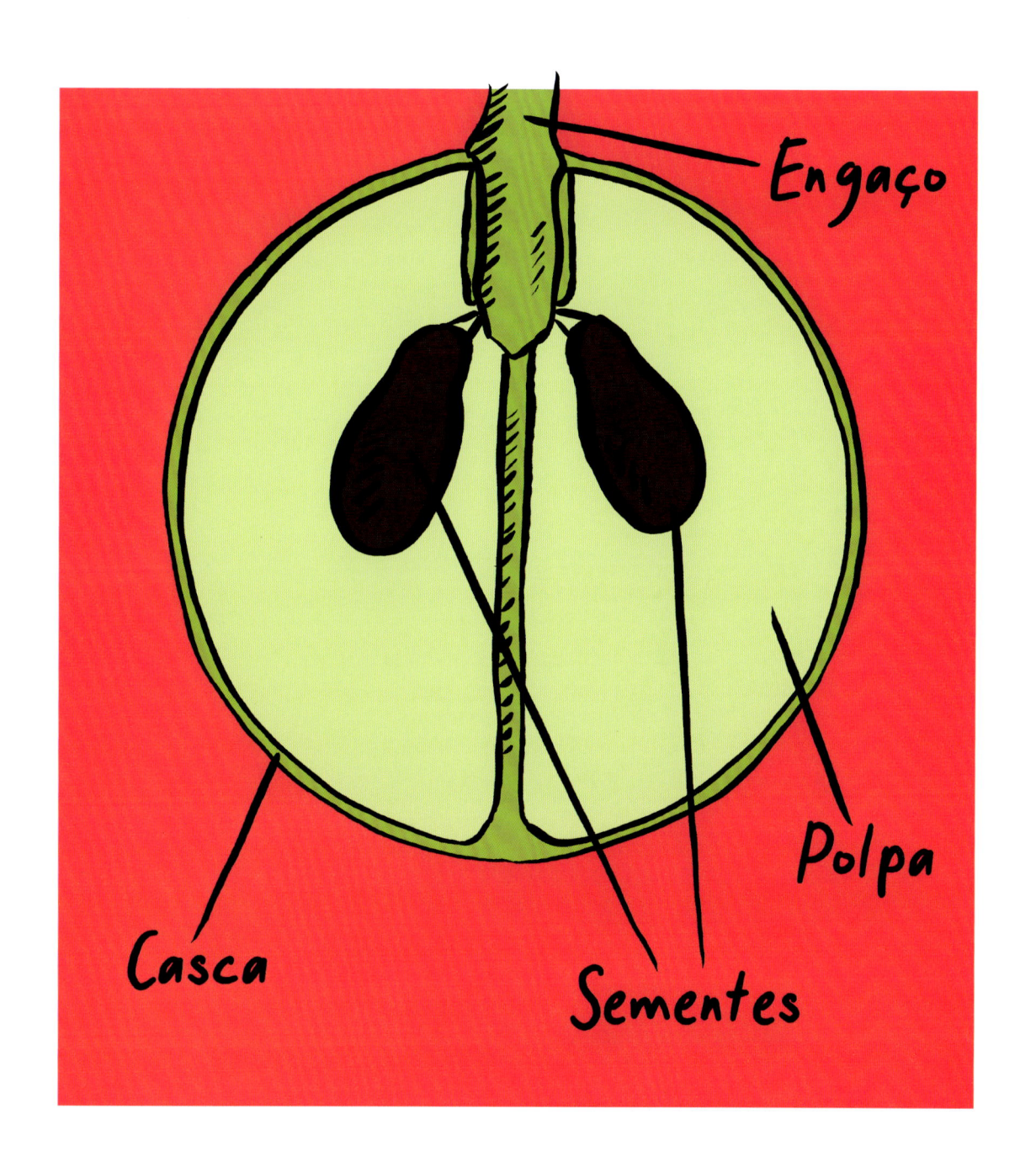

A uva não é somente o suco da polpa; também possui sementes, casca e engaço. Também é composta por uma parte que não se vê: como ácidos, aromas, açúcar e taninos. Dependendo do tipo de vinho produzido, utiliza-se tudo ou parte dos diferentes componentes da uva, que é ao mesmo tempo uma das frutas mais doces e mais ácidas que existem.

O QUE É UMA CEPA?

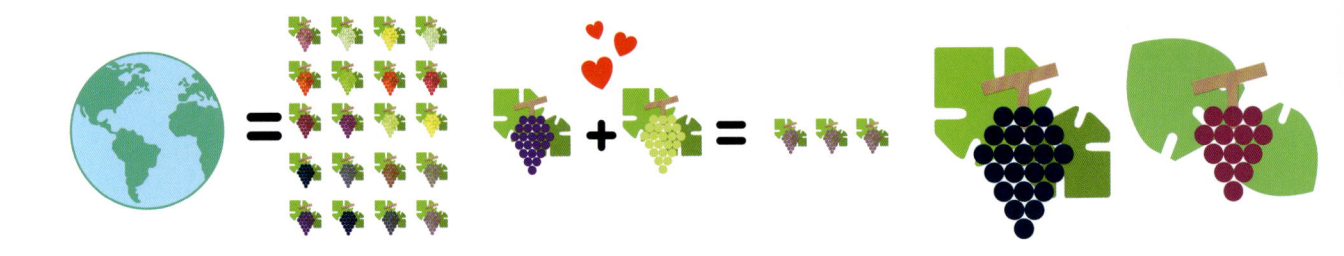

Quantas variedades existem?

Embora existam quase 10 mil cepas identificadas, somente algumas centenas são realmente cultivadas, e apenas cerca de trinta dão origem à maioria dos vinhos produzidos.

Como elas surgem?

A maioria das cepas resultou de uma evolução: ao longo de milênios, foram sofrendo mutações, se diversificando, e as melhores foram escolhidas para cultivo e reprodução. A ciência hoje permite a realização de cruzamentos.

Como reconhecê-las?

É difícil para o não iniciado diferenciar uma cepa da outra, mas um especialista ou ampelógrafo (cientista que estuda as cepas) consegue distingui-las por meio do formato da folha ou dos cachos.

Gosto das cepas

Cada cepa é única, cada qual com sua cor, acidez, doçura e perfume, dando aos vinhos um sabor particular. Ela tem grande participação no caráter da bebida, ainda que uma mesma cepa possa produzir diferentes vinhos de acordo com seu local de cultivo e a vinificação.

Cepa certa no lugar certo

Cada cepa tem suas próprias exigências: algumas gostam de clima quente, outras de frio; umas precisam de pouca água, outras detestam seca. Algumas, como a Chardonnay, são capazes de se adaptar a todos os climas.

Vinho varietal ou *assemblage* (corte)

Um vinho pode ser produzido a partir de uma única cepa (como o Beaujolais e os vinhos da Alsácia), mas muitos, como os Bordeaux, são produzidos a partir de diversas variedades complementares que são misturadas durante a vinificação.

Existem diversas espécies de videiras, mas foi uma que deu origem à maior parte dos vinhos do mundo, a *Vitis vinifera*, que ao longo do tempo se desdobrou em milhares de variedades chamadas cepas ou castas. Cada cepa se distingue pela forma das folhas e dos cachos, e sobretudo pelo gosto das uvas, com diferentes níveis de doçura, perfume, acidez e taninos.

QUAIS SÃO AS PRINCIPAIS CEPAS TINTAS?

Cabernet Sauvignon, a aristocrata

Um pouco tensa quando jovem, até angulosa (tânica e ácida), essa cepa de origem bordalesa tem suas exigências: clima quente e amor imoderado pela barrica de carvalho. Com o tempo, ela se suaviza e oferece o mais delicado dos vinhos.

Merlot, a boa amiga

Fácil de amar, ela seduziu o mundo, sobretudo a região de Bordeaux. Pouco ácida, pouco tânica, redonda, tenra e suave na boca, é apreciada por sua fruta generosa. Às vezes falta-lhe um pouco de personalidade, e por isso ela harmoniza bem com a Cabernet.

Tempranillo, a rainha da Espanha

É ela que dá o charme a alguns dos melhores vinhos ibéricos. Fornece ampla paleta de estilos: desde vinhos leves e frutados, para serem bebidos jovens, até *cuvées* fortes e calorosos, que podem envelhecer por décadas.

Syrah, a oriental

Ela não vem nem de Siracusa nem de Shiraz, mas tem algo de oriental em seus aromas frutados, condimentados e selvagens. No Vale do Rhône, criou um império antes de ser cultivada em muitas regiões e países. É apreciada por sua potência e perfumes intensos.

Pinot Noir, a diva

Caprichosa, até mesmo exigente, a estrela da Borgonha é produzida em alguns vinhedos do mundo escolhidos a dedo. Quando está em forma, seus vinhos encantam: finos, frescos, ligeiramente tânicos, perfumados (cereja, violeta). É a graça encarnada.

Grenache Noir, a mediterrânea

Grande cepa do sul da França e da Espanha, ela adora sol, calor e tempo seco. Polivalente, sabe fazer quase tudo: tintos calorosos com aromas de fruta cozida, rosés pálidos e leves, vinhos tintos doces (Banyuls, Maury).

Existem milhares de cepas tintas, ou seja, de casca vermelha ou violácea. Diversas são pouco utilizadas ou de produção restrita, enquanto um punhado de "vedetes" desfilam em vários países. Essas estrelas dos vinhedos atendem pelo nome de Cabernet Sauvignon, Merlot, Tempranillo, Syrah, Pinot Noir e Grenache Noir. Uma cepa é um nome e uma personalidade.

QUAIS SÃO AS CEPAS BRANCAS MAIS CONHECIDAS DO MUNDO?

Chardonnay, a camaleão

Nascida na Borgonha, conquistou o mundo. Cultivada em toda parte graças à sua capacidade de adaptação, sobressai em todos os estilos: leves ou encorpados, vibrantes ou calorosos, amadeirados ou frutados, espumantes ou tranquilos.

Sauvignon Blanc, a exuberante

O mundo se apaixonou por seus vinhos brancos secos, vibrantes, leves, de aromas intensos e frescos, frutados (cítricos, frutas tropicais) e herbáceos (grama). São qualidades que florescem no clima frio do Vale do Loire e da Nova Zelândia, em especial.

Riesling, a incisiva

Não faltam trunfos a essa cepa alemã tão conhecida na Alsácia: aromas de fruta verde e flores brancas, acidez às vezes incisiva, além de sua formidável capacidade de envelhecer e produzir, com o mesmo sucesso, vinhos secos e doces.

Chenin Blanc, a discreta

Discreta por ser menos conhecida que as outras, ela se sente em casa no Vale do Loire e na África do Sul. Polivalente, consegue fazer de tudo: vinhos espumantes, secos e doces que têm em comum uma forte e bela acidez.

Viognier, a voluptuosa

Essa grande sedutora nascida no Vale do Rhône adora sol e solos pobres. Rica, carnuda, pouco ácida, às vezes calorosa, seus vinhos brancos exalam intensos perfumes de damasco, pêssego e flores.

Pinot Gris, a bipolar

Gris (cinza) devido à sua cor rosada, a Pinot Gris está na moda. Versátil, agrada por seus vinhos leves e frescos, produzidos sob o nome de Pinot Grigio, ou por seus brancos de alto teor alcoólico e, às vezes, *moelleux*, como os que são produzidos na Alsácia.

Cepa branca é uma uva de casca clara, que vai desde o amarelo-esverdeado até o dourado. Tem a particularidade de só produzir vinhos brancos. Entre suas milhares de variedades, algumas se tornaram clássicas, conhecidas pelos apreciadores, e têm seu nome estampado nos rótulos, como Chardonnay, Sauvignon Blanc, Riesling, Chenin Blanc, Pinot Gris e Viognier.

DO QUE PRECISA A VIDEIRA PARA PRODUZIR BOAS UVAS?

Água

Indispensável para o crescimento da videira – que vai buscar água no solo por meio das raízes –, mas deve ser na medida certa. A irrigação, idealmente por gotejamento, é essencial em climas muito secos.

Luz

É graças à luz do Sol que a videira consegue fabricar açúcar. Portanto, céu aberto e muita luz favorecem a maturação da uva e seu teor de açúcar. Já céu encoberto e nublado tornam o processo lento.

Calor

A videira gosta de calor, mas sem excessos, com temperaturas entre 16,5 °C e 21 °C, em média, durante seu ciclo vegetativo. Nessas condições, ela dá uvas doces, perfumadas e com acidez.

Nutrientes

A videira é frugal e consegue se contentar com pouco, e uma planta com pouco, mas bem nutrida, é promessa de uma boa uva. Ela precisa de minerais presentes na água do solo, que é absorvida pelas raízes da planta.

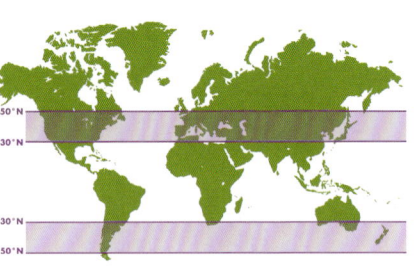

Clima certo

Um pouco de água, boa luminosidade e calor suficiente; somente os chamados climas temperados atendem a essas condições. Esses climas se encontram em duas estreitas faixas de latitude (30° a 50°) em cada hemisfério.

Solo certo

Nem todos os tipos de solo dão boas uvas. Ele deve ser adequado ao clima, conservar água o suficiente em climas secos, drená-la em climas úmidos ou fornecer calor suplementar em climas frios.

Cultivar uva é fácil, mas colher uma que seja capaz de dar um bom vinho é bem mais complicado. A uva precisa ser sã, doce, suficientemente ácida e ter aromas e cascas maduros. E, para isso, a videira precisa de luz e sol (não demais), água (um pouquinho), calor (sem excesso), alguns nutrientes e solos apropriados.

QUAIS SÃO OS CLIMAS CERTOS PARA A VIDEIRA?

Clima temperado frio

Em geral, temperaturas frias, verões curtos, menos sol. Colhem-se nesse clima (como em Chablis ou na Alemanha) uvas ácidas, pouco doces, de aromas frescos e cujas cascas nem sempre estão maduras.

Vinhos de clima temperado frio

Sobretudo brancos, mais vibrantes, leves, pouco alcoólicos, com aromas de frutas frescas (cítricos, maçã verde), de flor ou vegetal. A produção de tintos é mais complicada: os taninos amadurecem mal e podem dar gostos amargos.

Clima temperado quente

Com longos verões quentes, secos e muito ensolarados, as uvas se enchem de açúcar e aromas, a casca amadurece facilmente e a acidez se abranda com rapidez. Esse tipo de clima (em Languedoc ou no Chile, por exemplo) produz sobretudo vinhos tintos.

Vinhos de clima temperado quente

Vinhos tintos calorosos, pouco ácidos, de aromas intensos, generosos e solares, de frutas vermelhas e negras bem maduras, especiarias, dotadas de taninos doces e pouco adstringentes.

Clima moderado

Nem frio, nem quente, o clima moderado permite a colheita de uvas nem muito doces, nem muito ácidas, de aromas elegantes e com taninos suficientemente maduros. Cepas brancas e tintas sentem-se em casa nesse clima, como na Borgonha ou no Vale do Loire.

Vinhos de clima moderado

São produzidos, com o mesmo sucesso, vinhos brancos e tintos que ligam os vinhos de clima frio e os de clima quente. Nem angulosos, nem calorosos, são apreciados pelo equilíbrio entre frescor e teor alcoólico.

No mundo todo, 90% dos vinhedos situam-se nas mesmas latitudes, ao norte e ao sul, onde o clima é temperado, nem quente, nem frio demais. Dentro dessas faixas, distinguem-se zonas mais frias – dão sobretudo vinhos brancos vibrantes –, zonas quentes – produzem primeiramente tintos encorpados – e zonas intermediárias – permitem a produção de tintos e brancos.

O QUE É *TERROIR*?

Relevo

"A videira gosta de colinas", já diziam os romanos. Com exposição ao sol, drenagem natural, pobreza do solo por causa da erosão, os vinhedos inclinados em geral dão uvas melhores do que terrenos planos.

Solo e subsolo

O solo pobre, bem aerado, onde a água não fica parada, favorece o enraizamento da videira e uma adubação moderada em nutrientes. Uma videira pouco nutrida é uma videira que dá poucas uvas, mas uvas ricas e vinhos mais intensos.

Exposição solar

Uma videira pode receber mais ou menos sol dependendo da exposição solar do vinhedo. No hemisfério sul, os vinhedos com face norte são mais quentes e favoráveis à videira do que os virados para o sul.

Clima e microclima

Sol, luz, calor e umidade. O clima de uma região decide a maneira como a uva amadurece. Mas o clima global de uma região pode ser afetado por pequenas variações locais determinadas por vento, inclinação, orientação solar e altitude, que constituem o microclima.

E o vitivinicultor?

O *terroir* não faz tudo – longe disso. É o vitivinicultor, por meio de suas escolhas, seu trabalho e experiência, que consegue aproveitar o máximo de seus elementos. Assim como os *terroirs*, existem grandes vitivinicultores e existem os não tão bons.

Terroir, uma das palavras preferidas dos vitivinicultores, designa o conjunto de elementos do meio natural que têm influência sobre a videira, suas uvas e sobre o vinho que resulta delas: solo e subsolo, relevo, clima e microclima, altitude e orientação solar. Um *terroir* é, portanto, a combinação de todos esses elementos.

QUAIS SÃO OS INIMIGOS DA VIDEIRA?

Granizo e geadas

Temíveis e temidas, as tempestades de granizo podem aniquilar em poucos minutos um vinhedo e sua colheita. As fortes geadas de inverno podem destruir as raízes, e as de primavera, os jovens botões recém-abertos.

Água

O excesso de chuva encharca o solo, enche as uvas de água e fragiliza a casca, que se torna mais vulnerável a doenças. Já os episódios de forte seca podem impedir o amadurecimento das uvas.

Parasitas

São insetos, ácaros, vírus e bactérias. O mais famoso é o pulgão *Phylloxera vastatrix* (filoxera), ou "devastador", que destruiu os vinhedos do mundo no século XIX e que exige o enxerto das videiras em porta-enxertos resistentes.

Enxerto

As melhores cepas são as europeias. As americanas, de pior qualidade, resistem bem às doenças, sobretudo à filoxera. As primeiras são muitas vezes enxertadas nas segundas: a raiz do porta-enxerto americano resiste à doença, e o enxerto europeu produz bons vinhos.

Predadores

Javalis, pássaros, babuínos, cangurus... Cada país tem seus predadores. Em comum, eles têm uma paixão pelas uvas cheias de açúcar perto da vindima. Os produtores podem instalar redes ou cercar as plantações para protegê-las.

Fungos

A videira é sensível aos fungos que atacam caule, folhas, galhos, diminuem a colheita e degradam a qualidade das uvas. Quando eles se proliferam, os viticultores não têm outra escolha a não ser tratar as videiras com produtos sintéticos ou naturais.

Embora a videira seja uma planta resistente, seus frutos são muito mais vulneráveis. Entre o inverno até as vindimas, são muitos os perigos possíveis para a uva: climas extremos, doenças transmitidas por fungos, insetos ou vírus, predadores... O viticultor fica atento à saúde das bagas e intervém, quando possível, tratando ou protegendo suas videiras.

QUAIS SÃO AS ETAPAS DE CRESCIMENTO DA VIDEIRA?

Brotação

Com o aumento das temperaturas, a videira desperta de sua sesta invernal ("dormência"). No início da primavera, correm gotas de seiva, a videira "chora" e os botões se abrem; é o abrolhamento.

Floração

Ela se dá na primavera, quando pequenas flores brancas em cachos, as inflorescências, aparecem nos ramos. Elas esperam tranquilamente para serem polinizadas e depois fecundadas.

Vingamento

As flores que foram fecundadas se transformam em uvas. Nesse estágio, elas estão pequenas, verdes, duras e opacas. Durante essa fase crucial, chamada de vingamento, o vitivinicultor fica ansioso: uma boa fecundação é a promessa de uma bela colheita.

Pintor

No meio do verão, as uvas desenvolvem-se, a casca fica mais clara e muda de cor; as cepas brancas adquirem tom amarelo e as cepas tintas, violeta. Ainda não se pode comê-las, estão ácidas demais, amargas demais, e não têm açúcar suficiente.

Maturação

Até a colheita, as uvas amadurecem tranquilamente se o tempo permitir: elas se enchem de água, perdem acidez e ficam cheias de açúcar. Dentro das bagas, surgem os aromas e os taninos amadurecem. Em breve será hora de colher.

Vindima

Ela ocorre cerca de cem dias após a floração. O vitivinicultor cuidadoso prova suas uvas e manda analisá-las. Se estiverem bem doces, mas ainda ácidas, se a casca não estiver amarga e as sementes estiverem crocantes, é um bom sinal. Ele pode iniciar as colheitas.

FINAL DO INVERNO — Dormência

INÍCIO DA PRIMAVERA — Choro e abrolhamento

PRIMAVERA — Floração e vingamento

VERÃO — Pintor

FINAL DO VERÃO — Maturidade e vindimas

Embora a videira tenha expectativa de vida longa (alguns pés são centenários), seu ciclo de crescimento é anual: ela desperta no final do inverno, floresce na primavera e, depois, as uvas desenvolvem-se, mudam de cor no decorrer do verão e amadurecem lentamente até a colheita.

QUANDO E COMO COLHER AS UVAS?

O momento certo

É quando o vitivinicultor calcula que a uva está madura o suficiente, mas não demais, ou seja, nem muito ácida nem muito doce. As vindimas ocorrem no final do verão ou no outono, raramente no inverno, dependendo da cepa e do tipo de vinho que se deseja produzir.

Colheitas mecanizadas

Na maior parte dos casos, as colheitas são feitas por uma máquina que passa por cima da planta, a sacode e derruba as uvas. Econômica, rápida, capaz de trabalhar à noite, a colheitadeira dá bons resultados se as uvas forem triadas em seguida.

Colheitas manuais

Consistem no corte de cada cacho à mão. São mais lentas e mais caras, porém mais precisas e permitem algo que a máquina não consegue: colher cachos inteiros, uvas sobremaduras ou situadas em terrenos inclinados.

Colheitas tardias

Os melhores vinhos brancos doces provêm de uvas riquíssimas em açúcar que o vitivinicultor deixa amadurecer por mais tempo, até o outono, para que os açúcares e os aromas se concentrem em cada baga e que a água se evapore.

Icewine, ou vinhos "de gelo"

Vinhos de sobremesa (principalmente brancos, mas, às vezes, tintos), raros e caros, muito ácidos e doces, são feitos de uvas colhidas congeladas no auge do inverno. Raros na França, existem na Alemanha (o *Eiswein*) e sobretudo no Canadá.

Os vinhedos se agitam com a aproximação das vindimas! O vitivinicultor estuda o tempo, prova as uvas, reúne os safristas e o material. A colheita ocorre entre o fim do verão e o inverno, a depender do estado de maturação das uvas e do vinho desejado. O vitivinicultor escolhe entre a colheitadeira mecânica, rápida e econômica, e as colheitas manuais, mais caras, precisas e festivas.

O QUE É UMA ADEGA DE VINIFICAÇÃO?

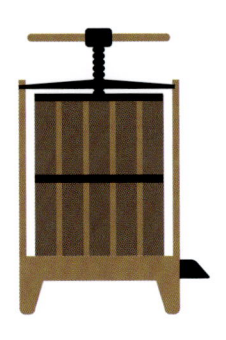

Recepção das uvas

Após a colheita, as uvas são encaminhadas a um local para iniciar o processo de produção de vinho: são triadas, separadas do engaço (desengace), esmagadas ou prensadas.

Sala de tanques

As uvas esmagadas ou prensadas são transferidas para uma sala de vinificação para serem fermentadas em tanques, cuja quantidade e tipo (inox, madeira, concreto) dependem do tamanho da vinícola, dos recursos disponíveis e do estilo de vinho almejado.

Cave de envelhecimento

Para fermentar, os vinhos jovens precisam de tranquilidade. Eles descansam em um espaço calmo, escuro, a temperatura constante, em diferentes recipientes (barris, tanques, *foudres*) e materiais (inox, madeira, concreto) por tempos variados.

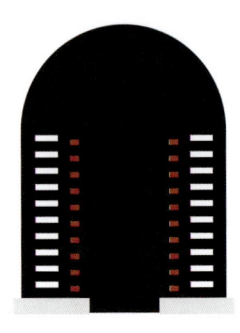

Envasilhamento e armazenamento

Passado o tempo de repouso (maturação), os vinhos são engarrafados, muitas vezes após uma filtragem com fins de purificação. Depois, podem ser armazenados e então distribuídos ou passar por um envelhecimento suplementar.

Modesta ou luxuosa

Uma adega pode ser artesanal, dentro de uma garagem ou cheia de pompa. Produtores conhecidos competem para contratar serviços de arquitetos famosos que concebam uma "caixinha de joias" que contribua para o prestígio da propriedade e de seus vinhos.

A adega de vinificação é a oficina do vitivinicultor, onde acontecem as operações que transformam as uvas em vinho. É onde ficam todos os materiais e espaços necessários para receber, preparar e fermentar as uvas e envelhecer os vinhos. Algumas adegas são rudimentares, outras são gigantescas, sofisticadas e até luxuosas.

O QUE É FERMENTAÇÃO?

Louis Pasteur

O pai da vacina antirrábica é conhecido também por seus trabalhos com vinho, tendo publicado *Estudos sobre o vinho e as fermentações* em 1866. Foi o primeiro a explicar o fenômeno da fermentação ao chamar a atenção para o papel das leveduras.

Leveduras

Não existe vinho sem levedura. Fungos microscópicos que povoam o vinhedo e a adega de vinificação ou que são adicionados pelo vitivinicultor fazem a fermentação. Para sobreviver e se reproduzir, consomem o açúcar da uva e o transformam em álcool.

Onde?

A fermentação se dá em tanques de madeira, aço ou concreto de diferentes tamanhos, às vezes dentro de garrafas. Ao final de algumas horas, o suco de uva começa a se agitar e depois a borbulhar. A fermentação dura entre 2 e 3 semanas.

Açúcar e álcool

São necessários 17 g de açúcar para produzir 1° de álcool. Quanto mais açúcar tiver a uva, mais alcóolico será o vinho, mas as leveduras se esgotam assim que este atinge 15°. O vitivinicultor pode interromper a fermentação em curso para conservar parte do açúcar da uva.

Gás carbônico

A fermentação cria uma efervescência impressionante na superfície do tanque, provocada pelo calor e pelo gás carbônico criado pelas leveduras. É esse gás carbônico que formará as famosas borbulhas de um espumante.

Aromas

Um suco de uva contém uma centena de aromas, mas um vinho, após a fermentação, contém quase dez vezes mais! A fermentação transforma os aromas da uva – seus aromas primários – e cria outros, os aromas secundários.

Tão antiga quanto o mundo, a fermentação é um fenômeno espontâneo que os seres humanos repetiram durante milênios, sem entender o processo, para produzir vinho e cerveja. Na produção de vinho, ela transforma o açúcar da uva em álcool por ação das leveduras, e cria outros componentes (gás, aromas) que constroem o caráter do vinho.

O QUE É MATURAÇÃO?

Por quanto tempo?

O tempo de maturação varia: algumas semanas no caso do Beaujolais Nouveau, alguns meses para vinhos frutados e leves de consumo rápido, até dois anos para vinhos encorpados, que às vezes são duros quando jovens e devem ser amaciados por mais tempo.

Onde?

Em uma adega de envelhecimento.
Vinho é algo sensível. Ele precisa de tranquilidade, umidade, temperaturas frescas e constantes. As caves construídas no calcário provaram seu valor, mas muitas adegas são hoje climatizadas.

Maturação em tanques

O tanque de inox ou de concreto pode não ter o mesmo charme de uma barrica, mas é muito eficiente para vinhos frutados de consumo rápido; neutro, ele conserva os aromas de fruta e o brilho de um vinho recém-saído dos tanques de fermentação.

Maturação em barril

Por que madeira? Porosa, ela permite a passagem de ar, acalma os taninos, deixa o vinho mais redondo, às vezes traz aromas (se for novo), enfim, suaviza o vinho ao fazê-lo envelhecer um pouco mais rápido. Deve ser reservada aos vinhos encorpados, às vezes austeros quando jovens.

Retorno ao passado

Os métodos antigos estão sendo redescobertos. Os vitivinicultores estão redescobrindo o charme dos jarros, "ovos" ou ânforas de terracota ou pedra. Esses materiais são apreciados por permitirem a passagem do ar, mas sem fornecer aromas amadeirados.

Como uma criança, um vinho recém-fermentado se desenvolve até a maturidade. Intensos, caprichosos ou sensíveis, os vinhos jovens podem ser frágeis. Precisam ser cuidados, enternecidos, acalmados e estabilizados quando descansam em local tranquilo, na adega de envelhecimento, dentro de tanques por um tempo que pode variar de semanas a anos.

POR QUE UTILIZAR BARRIS DE CARVALHO?

Desde quando?

Há 2 mil anos que os barris substituíram as ânforas de terracota. Mais sólidos e leves, mais fáceis de manipular, rolar ou empilhar, por muito tempo eles serviram para tudo: fabricar, armazenar, transportar e conservar o vinho.

Por que carvalho?

Embora seja possível utilizar diferentes tipos de madeira, o carvalho acabou se tornando a espécie preferida. O carvalho é uma madeira maleável, resistente, permite a passagem de ar sem excesso, de onde também podem se extrair aromas agradáveis.

Fabricação

Os barris são produzidos de carvalhos centenários, cuja madeira passa por longo processo de secagem. Em seguida, ela é cortada em pequenas tábuas (aduelas), que são montadas e depois aquecidas para ficarem maleáveis e provocarem aromas. A fabricação é demorada e cara.

O carvalho e o vinho

Se os dois se dão bem é porque certos vinhos potentes precisam se suavizar ao contato com o ar que se infiltra através do carvalho: os taninos perdem a dureza, a cor se fixa, os aromas evoluem e o vinho se torna mais agradável.

Barris novos e antigos

Se o barril é novo ou recente, ele também fornece taninos e aromas amadeirados, até simpáticos e fáceis de gostar, que lembram baunilha, coco, torrefação ou pão tostado. Ao envelhecer, um barril perde seu poder aromatizante.

Tamanhos e formatos

Dos enormes *foudres*, às vezes centenários, até as pequenas barricas novas, existem vários formatos de tonéis, por vezes reflexos de tradições regionais. Quanto menor e mais recente um barril, maior é o efeito da madeira.

Velho companheiro do vinho, o barril por muito tempo serviu para tudo: fabricação, armazenamento e transporte. Hoje ele ainda é querido pelos vitivinicultores, pois permite amaciar certos vinhos potentes, envelhecendo-os mais rapidamente. De todas as espécies de madeira, foi adotado o carvalho: flexível, resistente, um pouco poroso, ele traz aromas interessantes.

POR QUE COLOCAR ENXOFRE NO VINHO?

Vinho é frágil

Vinho é um produto vivo e frágil. Pode facilmente virar vinagre, cheirar mal ou envelhecer cedo demais sob efeito do oxigênio (oxidação), de bactérias ou leveduras indesejáveis.

Vantagens do enxofre

Utilizado há muito tempo, o enxofre é, ao mesmo tempo, um antisséptico capaz de matar bactérias e leveduras indesejáveis e um antioxidante que ajuda o vinho a se proteger dos efeitos nefastos do oxigênio.

E desvantagens

Certas pessoas são alérgicas ao enxofre, e até mesmo os tolerantes podem sentir dor de cabeça quando os vinhos foram excessivamente sulfurados. Um vinho muito sulfurado produz odor de fósforo queimado e sensação de secura desagradável na boca.

Quando é utilizado?

Pode ser utilizado sob forma de pastilhas, líquido ou gás para proteger as uvas desde a colheita, e o vinho após a fermentação ou no momento de seu envasilhamento. Mas não à vontade! As doses de enxofre são rigidamente limitadas por lei.

É usado em todos os vinhos?

Certos vinhos são mais frágeis que outros, sobretudo os vinhos brancos, rosés e os vinhos brancos doces. Portanto, eles muitas vezes são mais sulfurados que os tintos, que por sua vez são mais bem protegidos graças aos taninos.

E os vinhos sem enxofre?

Os chamados vinhos naturais são produzidos sem adição de enxofre, o que não quer dizer que eles não o contenham, pois a fermentação pode produzir um pouco dele naturalmente. Mais frágil, o vinho natural deve ser conservado sob refrigeração.

Ninguém fica muito feliz de usá-lo, mas ainda não se encontrou nada melhor que o enxofre para proteger as uvas e o vinho de seus inimigos, o oxigênio e os microrganismos de todos os tipos que há na bebida e podem torná-lo imbebível. O enxofre também tem desvantagens: é um alérgeno que, usado sem discernimento, estraga o prazer de uma bela garrafa.

POR QUE UTILIZAR ROLHAS DE CORTIÇA?

Desde quando?

Utilizada no Egito antigo para fechar as ânforas de vinho, e após pelos gregos e romanos, a cortiça foi esquecida para ser redescoberta pelos mercadores ingleses apenas no século XVII, que perceberam que colocar o vinho em garrafas de vidro ajudava a conservá-lo.

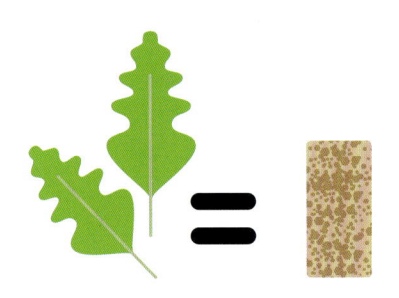

Do sobreiro à garrafa

Cortiça vem da casca dos sobreiros, nativos de certos países mediterrâneos, sobretudo de Portugal. Uma vez retirada, a casca passa por secagem, limpeza e é cortada em rolhas. As de mais baixa qualidade são fabricadas com aglomerados de cortiça.

Vantagens da cortiça

Maleável, elástica e resistente, ela encaixa perfeitamente no gargalo e protege por muito tempo o vinho do oxigênio. É vantajosa por ser ecologicamente correta, e no ritual de abertura produz o som do célebre "estouro".

E inconvenientes

Rolhas de má qualidade podem permitir a passagem de ar e provocar um envelhecimento prematuro do vinho, mas seu defeito mais conhecido é o "gosto de rolha" causado por uma molécula que altera a rolha e a bebida, dando-lhes odores e gosto de mofo.

Alternativas à cortiça

Barata e imune ao gosto de rolha, a rolha de plástico dá bons resultados para os vinhos bebidos jovens, pois perde sua vedação com o tempo. Mais cara, mas elegante e prática, a rolha de vidro hoje tem seus defensores.

Tampas de rosca

Menos charmosa, mas eficiente e reciclável, a tampa de rosca de alumínio tem conquistado muitos adeptos pelo mundo. Sem gosto de rolha, perfeitamente estanque ao ar, adaptada para todos os vinhos, inclusive os de guarda, ela dispensa o uso de saca-rolhas.

Companheira da garrafa desde o século XVII, a rolha de cortiça deve seu sucesso às suas qualidades de vedação e elasticidade, que permitem boa conservação e evolução dos vinhos em garrafa. Mas ela tem seus pontos fracos, entre eles o famoso "gosto de rolha", causado por uma molécula. Hoje há outros materiais sendo utilizados, como plástico, vidro e alumínio.

QUAIS SÃO OS PRINCIPAIS TIPOS DE VINHOS?

Branco, rosé, tinto

A cor de um vinho se deve à utilização ou não das cascas da uva durante a fermentação. Essa casca é rica em cor, mas também em tanino e aromas. A cor fornece não somente tonalidade, mas também sabor.

Vinhos tintos

Extraem sua cor da casca das uvas tintas que são maceradas com o suco. Além da cor, a casca também contém aromas (frutas vermelhas e negras) e taninos, que dão aos vinhos tintos sua consistência e uma pequena adstringência que amarra a boca.

Vinhos brancos

Produzidos unicamente do suco da uva e desprovidos de taninos, são mais fluidos que os tintos. São apreciados por sua leveza, frescor e aromas frutados ou florais.

Vinhos rosés

Os rosés são feitos de uvas tintas (às vezes, associadas a uvas brancas), mas o suco permanece pouco tempo em contato com as cascas. Logo, não há taninos, a cor é um rosado muito leve, assim como os aromas, o que os aproxima dos vinhos brancos.

Secos ou doces

Muitos vinhos são chamados secos porque após a fermentação não contêm açúcares naturais da uva (os açúcares residuais). Alguns dos vinhos doces conservam um pouco (os *moelleux*) ou muito (os licorosos) dos açúcares.

Com ou sem gás

Se a maior parte dos vinhos são os tranquilos, ou seja, sem gás carbônico, os vinhos espumantes conservam parte do CO_2 criado durante a fermentação. As cócegas refrescantes provocadas pelas borbulhas fazem parte do charme dessa bebida leve e vibrante.

O que faz do vinho uma bebida diferente? Sua extraordinária diversidade. Além das cepas, dos países, das regiões, dos produtores e das safras, é possível agrupá-lo de acordo com sua cor (branco, tinto e rosé), grau de dulçor (do seco ao muito doce), caráter efervescente ou tranquilo, e todas as combinações possíveis entre essas três variáveis.

COMO SE PRODUZ VINHO TINTO?

Com quais uvas?

Somente uvas tintas, pois sua casca contém as propriedades que conferem a cor, os taninos e certos aromas.
Essas uvas geralmente têm seu engaço removido (desengace), são esmagadas para liberar o suco e colocadas em um tanque de fermentação.

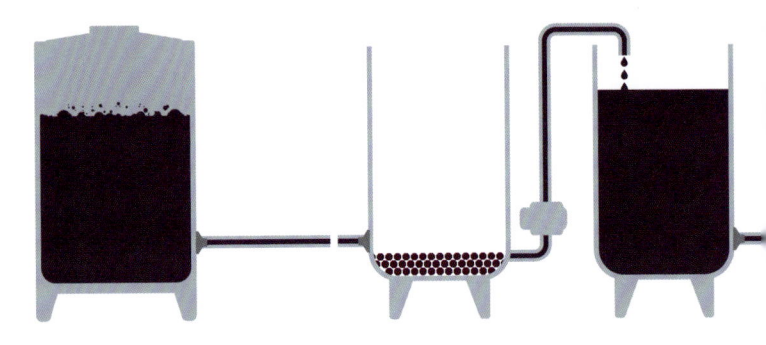

Fermentação e maceração

No tanque, as leveduras absorvem o açúcar da uva e criam o álcool. O tempo que o vitivinicultor deixa o suco (mosto) e as partes sólidas (bagaço, cascas, sementes, polpa) macerar varia segundo quanto se quer extrair de cor, taninos e aromas.

Descuba e prensagem

Depois o suco é descubado para se obter o vinho de gota, e o bagaço é prensado para se obter o vinho de prensa, mais duro e tânico. Cada um termina sua fermentação em separado para eliminar os açúcares e o ácido málico (fermentação malolática).

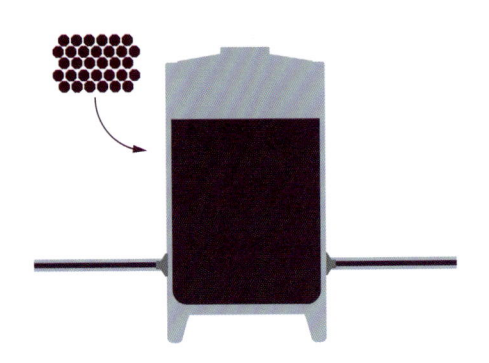

Corte

Em seguida, opta-se por combinar (ou não) vinhos de gota e de prensa para obter uma bebida mais encorpada, variando diferentes cepas ou parcelas. Esse corte permite produzir um vinho mais completo ao se aproveitar as qualidades de cada um de seus componentes.

Maturação

Passada a turbulência da fermentação, é hora do descanso por algumas semanas ou anos. Durante esse tempo, o vinho amadurece, dentro do tanque ou da barrica, solta suas impurezas e perde sua acidez. O vitivinicultor cuida para que o vinho não se altere.

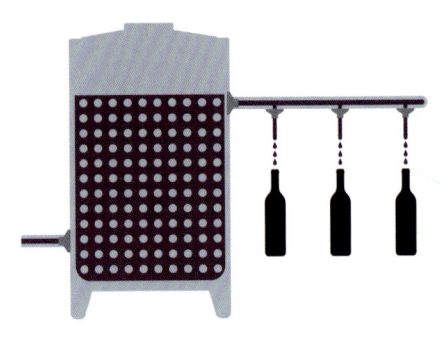

Engarrafamento

Antes de ser engarrafado, o vinho costuma ser colado (clarificado por uma cola que fixa as impurezas) e filtrado para remover as impurezas ainda em suspensão. Após o engarrafamento, pode passar por envelhecimento suplementar antes de ser vendido.

Vinhos tintos são obtidos a partir de uvas tintas esmagadas para liberar o suco (mosto) e então maceradas com as cascas. Com o álcool e o calor produzidos pela fermentação, o suco ganha cor e fica cheio de taninos e aromas. No final da fermentação, o suco é descubado e às vezes misturado às cascas prensadas para ganhar mais potência. Após, o vinho descansa até ser engarrafado.

COMO SE PRODUZ VINHO BRANCO?

Com quais uvas?

A maior parte dos vinhos brancos provém de uvas brancas, mas alguns (os *blancs de noirs*) são produzidos a partir de uvas tintas, cuja polpa é branca. Depois das colheitas, as uvas são rapidamente levadas à adega de vinificação para serem prensadas.

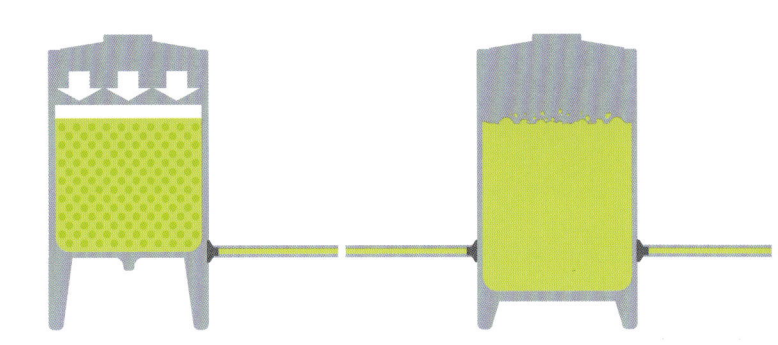

Prensagem e *débourbage*

Diferente dos vinhos tintos, a prensagem dos brancos é antes da fermentação. As bagas são prensadas devagar, as partes sólidas são descartadas (esgotamento) e só o suco (mosto) fermenta, após ter suas maiores impurezas removidas (borras).

Fermentação

Pode ocorrer no tanque ou na barrica, e, na ausência de maceração entre suco e cascas, bastam cerca de dez dias para que as leveduras transformem o açúcar da uva em álcool. Ela é feita em temperaturas baixas para preservar os aromas mais frágeis.

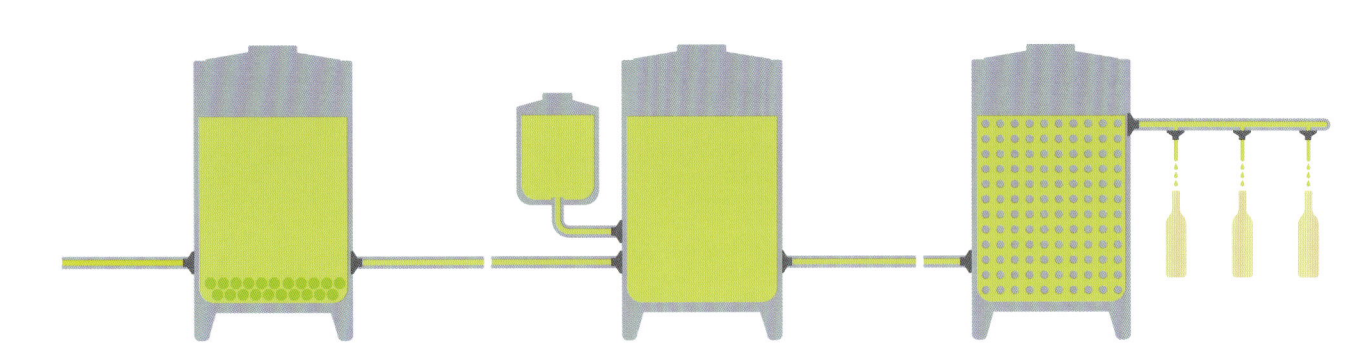

Maturação

O vinho em seguida é trasfegado para tanques ou barris para descansar. Alguns, como os grandes vinhos brancos da Borgonha, passam nesse momento por uma segunda fermentação (malolática) para baixar a acidez, às vezes dura, e deixar o vinho mais redondo.

Corte

No decorrer da maturação, é possível casar vinhos de diferentes origens (cepas e vinhedos) ou que tenham permanecido em recipientes distintos. O objetivo desse corte é produzir um vinho mais completo e harmonioso.

Engarrafamento

Antes de ser engarrafado, o vinho costuma ser filtrado para a retenção de partículas ainda em suspensão. Uma vez estabilizado, ele está pronto para ser vendido, mas pode passar por um envelhecimento suplementar na garrafa.

Vinhos brancos utilizam predominantemente uvas brancas. Quando chegam à cave, as bagas são rapidamente prensadas, as cascas são descartadas e só o suco é fermentado. Depois que o açúcar é transformado em álcool, o vinho é clarificado e trasfegado para um tanque ou um barril por um tempo que pode variar. Após esse período, ele é filtrado e engarrafado.

COMO SE PRODUZ VINHO ROSÉ?

Com quais uvas?

Embora provenham de uvas de casca vermelha, muitas vezes são selecionadas cepas pouco coloridas, como a Grenache, bastante utilizada na Provence. Essas uvas em geral são colhidas mais cedo do que seriam para produzir um vinho tinto.

Rosés de prensagem (pálidos)

Para fazer um rosé pálido, o procedimento é igual ao do vinho branco: as uvas são esmagadas em uma prensa, porém mais devagar, para que o suco ganhe alguma cor ao contato com as cascas. Esse sumo fermentado dará um rosé de prensagem.

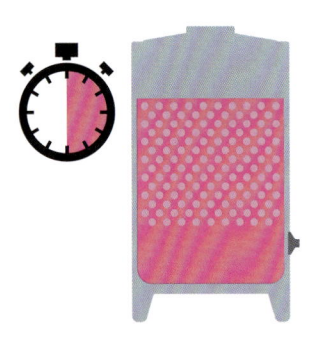

Rosés de *saignée* (escuros)

Para um rosé mais escuro (por maceração ou *saignée*), macera-se o suco junto à casca, como no caso dos tintos, mas por menos tempo. Após algumas horas, "sangra-se" o tanque: as cascas são descartadas e somente o suco tingido é fermentado.

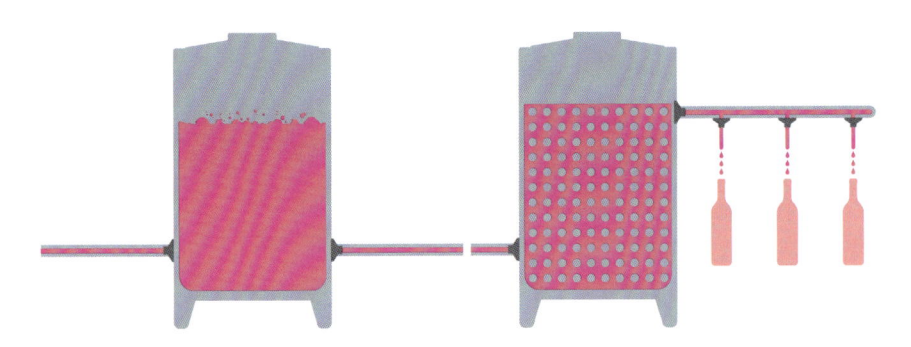

Fermentação

Dentro do tanque de fermentação, bastam cerca de dez dias para que as leveduras transformem o açúcar em álcool. Ela ocorre em tanques de inox, práticos para manter temperaturas baixas e preservar os aromas frágeis dos vinhos rosés.

Maturação e engarrafamento

Depois, as partículas suspensas são retiradas e o vinho é trasfegado para tanques de inox (mais raramente barricas), para ser maturado sob refrigeração durante meses. Na primavera que se segue à vindima, ele é filtrado e engarrafado.

Exceção

A exceção das borbulhas: na Europa, é proibida a produção de vinho rosé pela mistura de vinhos tintos e brancos, com exceção dos espumantes. A maioria dos espumantes e dos *crémants* rosés são obtidos por meio dessa técnica.

Um rosé não é a mistura de vinho branco com tinto. É ligeiramente colorido, produzido a partir de uvas tintas rapidamente prensadas (rosés claros) ou de uma breve maceração entre suco e cascas (rosés escuros). Depois, somente o suco, suavemente tingido, é fermentado. Então, o vinho é descubado e descansa alguns meses antes de ser engarrafado.

COMO SE PRODUZ CHAMPAGNE?

Com quais uvas?

Em um Champagne, em geral, encontramos um terço de cepas brancas e dois terços de cepas tintas. Depois das colheitas manuais, as uvas são prensadas rapidamente para que o suco das tintas não ganhe a cor da casca.

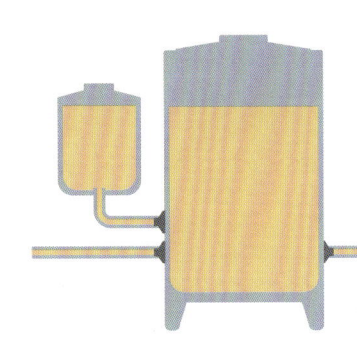

Vinho base e corte

Começa-se produzindo um vinho branco tranquilo (sem bolhas), o chamado vinho base. Podem-se misturar vinhos provenientes de diversas cepas, vinhedos e anos de colheita com o objetivo de produzir a cada ano um Champagne consistente.

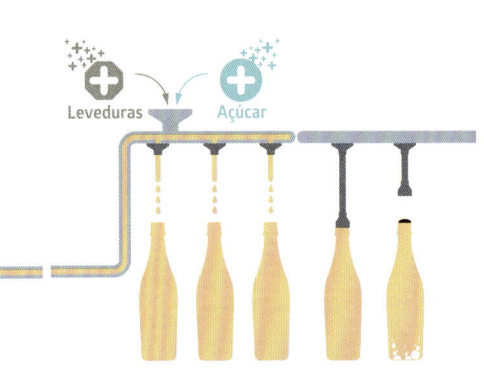

Formação das borbulhas

Coloca-se o vinho base em garrafas com tampa depois da adição de uma mistura de açúcar e leveduras (licor de tiragem). Uma segunda fermentação se produz e o gás carbônico que permanece preso no frasco forma as borbulhas (tomada de espuma).

Repouso em cave

As garrafas repousam deitadas durante um ou vários anos. As leveduras mortas se decompõem dentro da garrafa, liberam aromas e tornam o Champagne mais agradável e macio na boca.

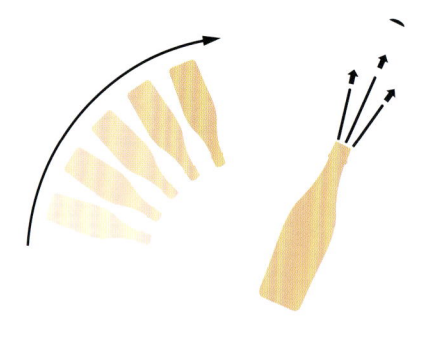

Remuage e dégorgement

As garrafas são, aos poucos, inclinadas para cima, para que as leveduras mortas caiam no gargalo. O gargalo é mergulhado em um líquido que congela o resíduo. Remove-se a tampa e, por meio da pressão do gás, o resíduo congelado é expulso.

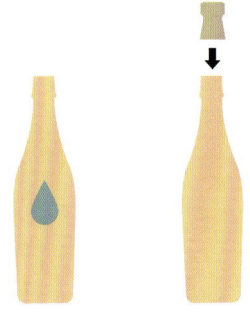

Dosagem

Uma vez clarificado, o vinho é adoçado com uma mistura de vinho com açúcar. O intuito é atenuar a forte acidez natural do espumante. Em seguida, a garrafa é tampada firmemente com uma rolha especial, resistente a pressão, presa por uma gaiola de arame.

O Champagne (mas também o *crémant*) é um vinho branco posto em uma garrafa fechada após se colocar açúcar e leveduras. O açúcar transforma-se em álcool, e o gás carbônico liberado pelas leveduras cria bolhas. Após longo repouso na cave, removem-se as leveduras mortas, adiciona-se açúcar para diminuir a acidez e fecha-se a garrafa com uma rolha resistente a pressão.

COMO SE PRODUZ PROSECCO?

Com quais uvas?

São utilizadas unicamente uvas brancas, provenientes de Vêneto (nordeste da Itália) e da cepa Glera. Colhidas com seus cachos, as uvas são delicadamente prensadas, as cascas são descartadas e somente o suco é utilizado.

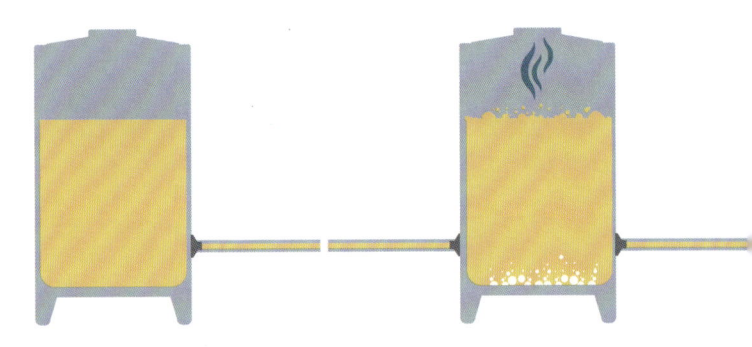

Produção de vinho branco

O suco proveniente dessas uvas é colocado em um tanque para ser fermentado, de maneira a se obter um vinho branco tranquilo (ou seja, sem bolhas), seco, leve, fresco, de aromas discretos de frutas e flores brancas.

Formação das bolhas

O vinho é transferido para um tanque fechado e sob pressão. Acrescenta-se uma pitada de açúcar e leveduras para provocar uma nova fermentação: as leveduras consomem o açúcar, produzem um pouco de álcool e gás carbônico, que permanece preso dentro do tanque fechado.

Engarrafamento

Esse vinho, que se torna efervescente, pode ser seco ou levemente doce se a fermentação for interrompida antes que todo o açúcar tenha se transformado em álcool. Antes de ser engarrafado, as leveduras são filtradas. As garrafas são fechadas com rolha de cortiça.

Vinhos de tipo Prosecco

Utiliza-se o método Charmat, ou tanque fechado, também na produção de Lambrusco, Asti (Itália) e Sekt (Alemanha). Na França, ele é proibido para os Champagnes e *crémants*, que devem passar pelo método tradicional, o Champenoise.

O espumante de Vêneto (região italiana) é produzido em duas etapas: primeiro se produz um vinho branco seco e leve, depois esse vinho é trasfegado para um tanque fechado e, pelo método Charmat, com o acréscimo de leveduras e açúcar, passa por uma segunda fermentação. O gás carbônico criado é preso dentro do vinho, que é filtrado antes de ser engarrafado.

COMO SE PRODUZ VINHO BRANCO DOCE?

Uvas ricas em açúcar

Existem diversas maneiras de se obter um vinho doce: com uvas colhidas tardiamente, bem maduras e muito ricas em açúcar, com uvas secas (*passerillage*) ou atingidas pela "podridão nobre" (botritizadas), ou, ainda, congeladas (vinhos de gelo ou *icewines*).

Podridão nobre

Em certas regiões vinícolas (como Sauternes e Layon), o fungo *Botrytis cinerea* cria uma podridão "nobre" sobre a uva e perfura sua casca. A água se evapora da baga, fazendo com que o açúcar e os aromas se concentrem.

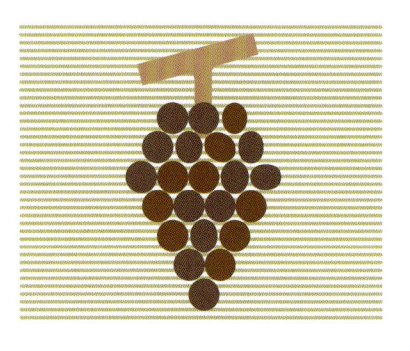

Passerillage e Vinho de Palha

Passerillage, um tipo de passificação, é deixar as uvas secarem na videira nos meses antes da colheita (como ocorre em Jurançon). Elas também podem secar em esteiras de palha após a colheita, resultando nos Vinhos de Palha (o Jura, em especial).

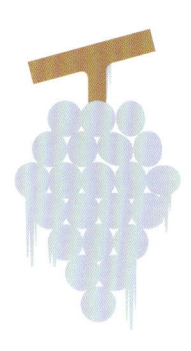

Uvas congeladas e crioextração

Outra técnica é colher uvas congeladas, em geral à noite e abaixo de 5 °C, para fazer *icewines* (Canadá, Alemanha, Áustria), ou congelar artificialmente as uvas em câmara fria pela crioextração.

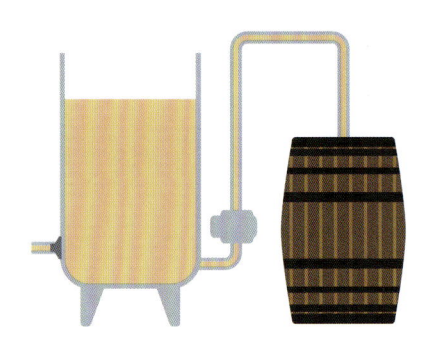

Interrupção da fermentação

Prensam-se as uvas e apenas o suco é fermentado. Cessa-se a fermentação antes que todo o açúcar se transforme em álcool, para conservar um pouco ou muito dele. O vinho repousa em tanques ou barris antes de ser engarrafado.

Licoroso e *moelleux*

Dependendo da taxa de açúcares no vinho (residuais), fala-se em *moelleux* (12 g a 45 g de açúcar/L) ou licoroso (mais de 45 g/L). Os primeiros vêm apenas de colheitas bem maduras, e os segundos, de uvas-passas, botritizadas ou congeladas.

Um vinho branco doce, ou de sobremesa, provém de uvas ricas em açúcar e aromas, colhidas muito maduras, botritizadas, secas ou congeladas. Não se adiciona artificialmente açúcar ao vinho, mas a fermentação é interrompida antes que o açúcar contido nas uvas se transforme em álcool. Dependendo da porcentagem que resta no vinho, fala-se em vinho *moelleux* ou licoroso.

COMO SE PRODUZ VINHO FORTIFICADO?

Desde quando?

A adição de álcool a um vinho é uma prática antiga adotada por mercadores ingleses e holandeses desde o século XVII, que se deram conta de que vinhos fortemente alcoolizados resistiam melhor a viagens longas.

Com quais uvas?

Esses vinhos ricos e capitosos costumam vir de regiões vinícolas ensolaradas (como Roussillon e Languedoc, na França, e Portugal e Espanha). Tintas ou brancas, as uvas são colhidas tardiamente quando estão ricas em açúcar, perfumadas e pouco ácidas.

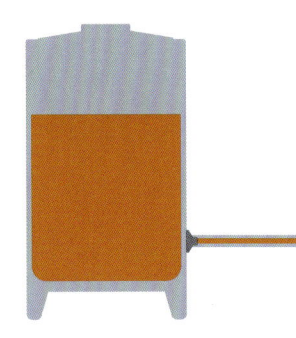

Fermentação

As uvas tintas são primeiramente esmagadas para liberar o sumo. Suco e cascas são colocados juntos dentro do tanque de fermentação, permitindo que o suco adquira cor. As uvas brancas são prensadas diretamente, as cascas são descartadas e somente o suco é colocado para fermentar.

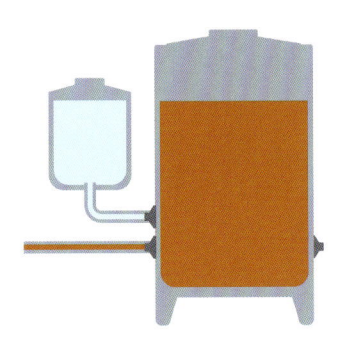

Fortificação

Durante a fermentação, acrescenta-se álcool neutro ou aguardente vínica; as leveduras são mortas, parte do açúcar da uva é conservada e o vinho atinge de 15° a 20° de álcool. Após a fortificação, os brancos são colocados em tanques, e os tintos maceram por mais tempo.

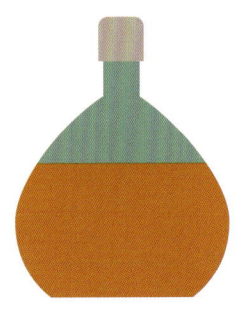

Maturação

Pode ser curta, em vinhos frutados, ou bem mais longa, para obter aromas de envelhecimento (frutas cozidas e caramelo). Há também maturação oxidativa, ao ar livre (em garrafão de vidro) ou em barricas pela metade, que confere perfumes característicos (nozes ou frutas secas).

Vinhos doces naturais e *vins de liqueur*

Diferem-se os vinhos doces naturais fortificados com álcool neutro (Banyuls, Maury, Porto, Madeira, Jerez) dos *vins de liqueur* fortificados com aguardente vínica (conhaque e armagnac).

Os vinhos fortificados são vinhos doces brancos ou tintos ricos em álcool, obtidos pela adição de álcool neutro ou aguardente na fermentação. Esse processo mata as leveduras e preserva parte do açúcar da uva não transformado em álcool. Após a fortificação, alguns repousam rapidamente antes de serem engarrafados, enquanto outros envelhecem por décadas.

O QUE COMPÕE O PREÇO DE UM VINHO?

Produção das uvas

São todos os gastos necessários para produzir as uvas: preço da terra, dos equipamentos, do material e dos trabalhos manuais ou mecânicos, desde a poda das videiras até as vindimas.

Produção dos vinhos

Os custos englobam tudo que é necessário para transformar as uvas em vinhos: máquinas de desengace ou esmagamento, prensas, tanques ou barris, garrafas, rolhas e rótulos.

Lucro

Se quisermos que o vitivinicultor continue a produzir no ano seguinte, é preciso que ele consiga viver de seu trabalho! Então, ele reserva uma margem, que varia de acordo com os custos de produção, mas também com sua reputação e a de seu vinhedo.

Prestígio da região

Certas regiões vinícolas gozam de grande notoriedade, como Margaux, Châteauneuf-du--Pape, Pommard e Champagne. Os vinhos dessas regiões raramente se vendem abaixo de certo preço, quaisquer que sejam os custos de produção da garrafa.

Fama do produtor

Assim como artistas ou atletas, existem produtores anônimos e os estrelados, cujos vinhos são procurados por muitos aficionados ou profissionais. Como tudo que é raro é caro, o preço desses vinhos pode ir às alturas.

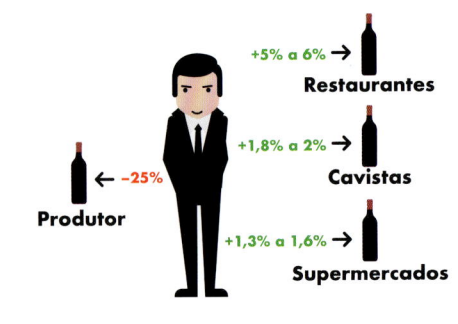

A margem do revendedor

Produtor −25%
Restaurantes +5% a 6%
Cavistas +1,8% a 2%
Supermercados +1,3% a 1,6%

O revendedor compra o vinho do produtor a um preço mais baixo (cerca de 25%). Ele multiplica esse preço para obter sua margem: cerca de 1,8% a 2% para o cavista, 1,3% a 1,6% para supermercados, e muitas vezes (bem) mais para os restaurantes (às vezes, 5% ou 6%).

O preço de um vinho corresponde ao que o vitivinicultor investiu para produzi-lo (produção da uva, vinificação, materiais, mão de obra) e comercializá-lo. Para os vinhos baratos, o preço é reflexo desses custos acrescidos de margem de lucro. No caso dos vinhos muito caros, ele é antes de tudo sinal da raridade e do prestígio de uma região vinícola ou da fama do produtor.

ONDE COMPRAR?

Em supermercados

Na França, 4 em cada 5 garrafas são compradas em supermercados. O leque de opções é vasto e os preços, baixos, porque os vinhos são comprados em grande quantidade.

Direto do produtor

Visitar um produtor (com hora marcada na maioria dos casos) é um meio simpático e enriquecedor de se comprar vinho. Além das conversas com o vitivinicultor e da possibilidade de degustações, os preços são interessantes pela ausência de intermediários.

Pela internet

Há muitos sites que oferecem vinhos, sejam de cavistas ou supermercados gerais. Alguns oferecem vinhos de uma determinada família (orgânicos, naturais), outros são especializados em uma região ou funcionam em sistema de assinatura.

Com o cavista

Independente ou franqueado, o cavista é um profissional em teoria qualificado e conhecedor de seus vinhos. Além de recomendações preciosas, os bons cavistas muitas vezes oferecem vinhos mais exclusivos e "especializados" que os grandes varejistas.

Em exposições

Permitem encontrar produtores, conversar e sobretudo degustar os vinhos antes de comprá-los, privilégio que as lojas não oferecem. Para aproveitar uma exposição, é preciso ir preparado e cuspir os vinhos se quiser manter a sobriedade para as compras.

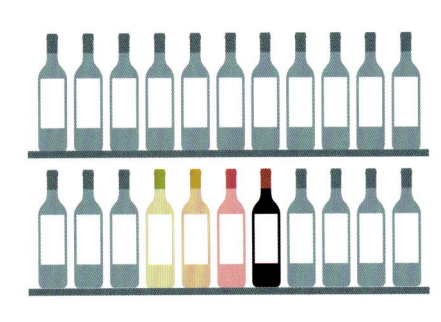

Em feiras de vinhos

Muitos vendedores organizam feiras de vinhos. Esta é uma boa oportunidade para encontrar preços interessantes durante um tempo limitado. Muitas revistas e sites guiam o comprador para as pechinchas.

Há duas maneiras de se comprar vinho: diretamente do produtor, seja em uma visita à propriedade, seja em uma feira, ou então por meio de um revendedor especializado (cavistas ou sites especializados) ou generalista (como supermercados).
Muitos revendedores organizam feiras de vinhos: é a oportunidade para se comprar bons vinhos a bons preços.

COMO NÃO ERRAR NA COMPRA?

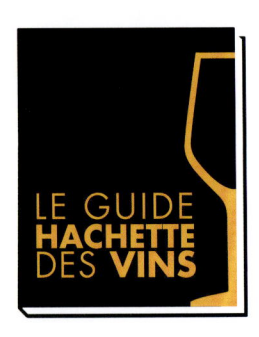

Guias e revistas especializadas

As revistas especializadas [*Revista de Vinhos, Wine, Adega*] e os guias anuais [*Descorchados, Revista de Vinhos*] degustam ao longo de anos vinhos de todas as regiões e recomendam os melhores ou as promoções, com opiniões de especialistas.

Sites e aplicativos

Gratuitos ou pagos, os sites e os aplicativos de revistas e guias especializados, aplicativos comunitários, sites de comparação de preços e blogs estão repletos de informações que devem ser exploradas com discernimento.

Medalhas e etiquetas

Certos vinhos recebem distinções pela imprensa ou em concurso. Elas assumem a forma de uma medalha no rótulo ou uma etiqueta colocada sobre a garrafa. Informe-se bem sobre a distinção de cada uma delas.

Degustação

Quando existe a oportunidade, esse é certamente o melhor meio de não se enganar e escolher de acordo com seu gosto. Os salões de vitivinicultores permitem a degustação, assim como as visitas à propriedade. Certos cavistas também oferecem essa possibilidade.

O bom cavista

De todos os vendedores, o cavista é o mais capacitado para dar conselhos e que levem em conta o gosto do cliente e ocasiões de consumo. O bom cavista é aquele que agradará regularmente o cliente com suas recomendações.

Escolher vinhos é difícil pelo número de opções existentes, mas há diversas ferramentas que podem ajudar. Guias, revistas especializadas, aplicativos e sites estão repletos de recomendações. Informações na garrafa, como medalhas e etiquetas, são outra referência, assim como a indicação de um bom cavista. Em certos casos, é possível degustar, que é o melhor meio de não errar.

VINHOS ORGÂNICOS, BIODINÂMICOS, VEGANOS, SUSTENTÁVEIS: O QUE SÃO?

Viticultura sustentável

Entre a viticultura tradicional e a orgânica, esta não exclui totalmente o uso de produtos químicos, mas os limita bastante, além de promover o desenvolvimento sustentável da produção. Ela é identificada pelos selos HVE ou Terra Vitis.

Viticultura orgânica

Proíbe produtos químicos nas vinhas e na adega de vinificação, limita o uso de sulfitos e favorece o trabalho do solo. Por ser mais custosa (mais mão de obra e menor rendimento), o valor dos vinhos orgânicos costuma ser maior. É identificada pela menção AB ou pelo selo Orgânico Brasil.

Biodinâmica

É uma filosofia e uma forma de agricultura orgânica mais restritiva. Sua produção segue o posicionamento dos astros e do calendário lunar. Existem duas certificações: Demeter e Biodyvin.

Vinhos veganos

Um vinho vegano não é obrigatoriamente orgânico, mas ele necessariamente deve ser produzido sem o uso de aditivos de origem animal, como certos produtos feitos de ovos ou peixe, utilizados para clarificar os vinhos. Existem diferentes certificações.

Vinhos naturais

Seguem uma filosofia que visa produzir vinhos o mais perto possível da natureza, sem produtos químicos, com pouco ou nenhum sulfito, e com o mínimo possível de manipulação humana. A partir de 2020, alguns vinhos passaram a exibir o selo de "método natural".

Vinhos orgânicos, biodinâmicos e naturais são feitos de uvas cultivadas sem o uso de produtos químicos; já os da viticultura sustentável podem utilizá-los, mas de modo limitado. Vinhos veganos são produzidos sem aditivos de origem animal. Todos estão sujeitos a uma regulamentação cujo cumprimento é garantido por siglas ou logos nos rótulos.

QUAIS SÃO AS MENÇÕES OBRIGATÓRIAS NO RÓTULO?

Categoria do vinho

Na Europa, os vinhos são classificados em Denominação de Origem Protegida (DOP), Appellation d'Origine Protegée (AOP), Indicação Geográfica Protegida (IGP) ou vinho de mesa. O rótulo deve ter a classificação e o nome da zona de produção, como AOP Bordeaux ou IGP Oc.

Volume

É a quantidade de vinho em uma garrafa, geralmente indicado em mililitros. A capacidade padrão de uma garrafa é 750 mL, mas existem outros formatos, sendo os mais comuns a meia garrafa (375 mL) e a Magnum (1,5 L).

Teor alcoólico

É indicado em porcentagem de álcool em relação ao volume de líquido contido na garrafa, com uma tolerância de descarte de 0,5% que os produtores não abrem mão de utilizar. A maioria dos vinhos possui entre 12° e 15° de álcool.

O engarrafador e o país

Aos olhos da lei, o responsável legal por um vinho é aquele que o engarrafou. Para fins de rastreabilidade, nome e endereço do responsável devem constar no rótulo, assim como o país de origem do vinho.

Menções sanitárias

A presença de produtos alergênicos deve ser assinalada, sobretudo o enxofre ("contém sulfitos"), mas também os resíduos de leite ou ovos, que às vezes são utilizados na produção do vinho. No Brasil, é obrigatório o aviso de que se deve evitar o consumo excessivo de álcool.

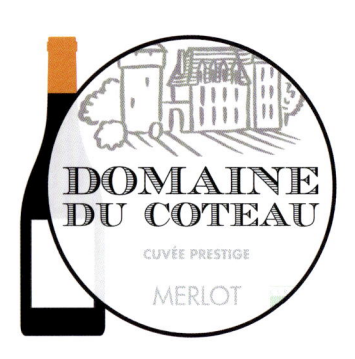

Produtor

O produtor do vinho aparece com destaque, muitas vezes em letras grandes. Pode ser o nome da propriedade, marca, *château*... Também pode ser um selo de qualidade, pois certos produtores são conhecidos por produzir bons ou ótimos vinhos.

O rótulo é a carteira de identidade de um vinho e contém várias informações. Embora muitas menções sejam facultativas, algumas se tornaram obrigatórias pela regulamentação brasileira, entre elas o teor alcoólico, o volume da garrafa, a categoria do vinho, o nome do responsável pelo envase e a presença de alérgenos.

QUAIS SÃO AS PRINCIPAIS MENÇÕES FACULTATIVAS NO RÓTULO?

Safra

A safra, ou *millésime*, corresponde ao ano de colheita das uvas, e não ao ano de produção do vinho. É uma informação muito útil, pois existem anos bons e não tão bons, e ela serve de referência para os vinhos destinados a serem guardados por muito tempo.

Cepa(s)

A especificação aparece no rótulo ou no contrarrótulo (parte de trás da garrafa). Nem sempre presente na Europa, a cepa costuma ser informada em rótulos de outras partes do mundo. É uma menção importante, pois cada cepa resulta em vinhos bem distintos.

Nome do vinho

Um vitivinicultor geralmente produz diversos vinhos (ou *cuvées*) em sua propriedade, cada um identificado por um nome que pode remeter a um lugar, nome, técnica ou nível de qualidade (Les Charmes, Silex, Élevé en Fût, Prestige, por exemplo).

Medalhas

Uma medalha integrada ou, mais comumente, colada ao rótulo, indica que o vinho foi premiado em um concurso. Seu valor é proporcional à reputação do concurso e significa ao menos que ruim o vinho não é.

Menções técnicas

Menções como "envelhecido em barril de carvalho", "não filtrado", "vinhas antigas", "sem adição de enxofre" ou certificações (orgânico, vegano) dão informações sobre o modo de cultivo das uvas ou as técnicas de elaboração do vinho.

Além das menções obrigatórias, o rótulo contém menções facultativas, mas essenciais, ano de colheita das uvas e nome da(s) cepa(s) utilizada(s). Ele pode trazer informações técnicas sobre o modo de elaboração de um vinho (certificações, utilização de barris) e conter selos de qualidade, como as medalhas.

QUAIS SÃO AS GRANDES CATEGORIAS DE VINHOS?

Vins de France

Vinhos modestos, muitas vezes baratos, os antigos vinhos de mesa podem vir de qualquer lugar da França e até mesmo ser resultado da mistura de vinhos de diferentes regiões. Os melhores podem informar a cepa e o ano da colheita no rótulo.

Vinhos IGP
(Indicação Geográfica Protegida)

Mais caros e de melhor qualidade, os IGP (também chamados Vins de Pays) vêm de um território delimitado (Oc, Vale do Loire), porém mais amplo que o dos AOP. Têm mais liberdade em termos de cepas: 75% das usadas devem vir da área de proteção geográfica.

Vinhos de AOP
(Denominação de Origem Protegida)

Uma AOP designa uma região vinícola precisamente delimitada (Chablis, Pauillac) que produza vinhos de estilo identificado. Eles são melhores e mais caros, pois as regras de produção são mais rígidas, como em termos de cepas autorizadas.

É um critério confiável?

Costuma ser, mas nem sempre é. Há ótimos produtores preferindo usar as categorias Vin de France ou IGP para ter mais liberdade, sobretudo ao diversificar o uso de cepas. Os vinhos de AOP têm garantia de origem, mas nem sempre de boa qualidade.

E no mundo?

Enquanto os países da União Europeia utilizam a mesma classificação, no resto do mundo cada país adota seu próprio sistema, mas todos têm em comum a identificação de seus vinhos por região de produção e muitas vezes pela cepa.

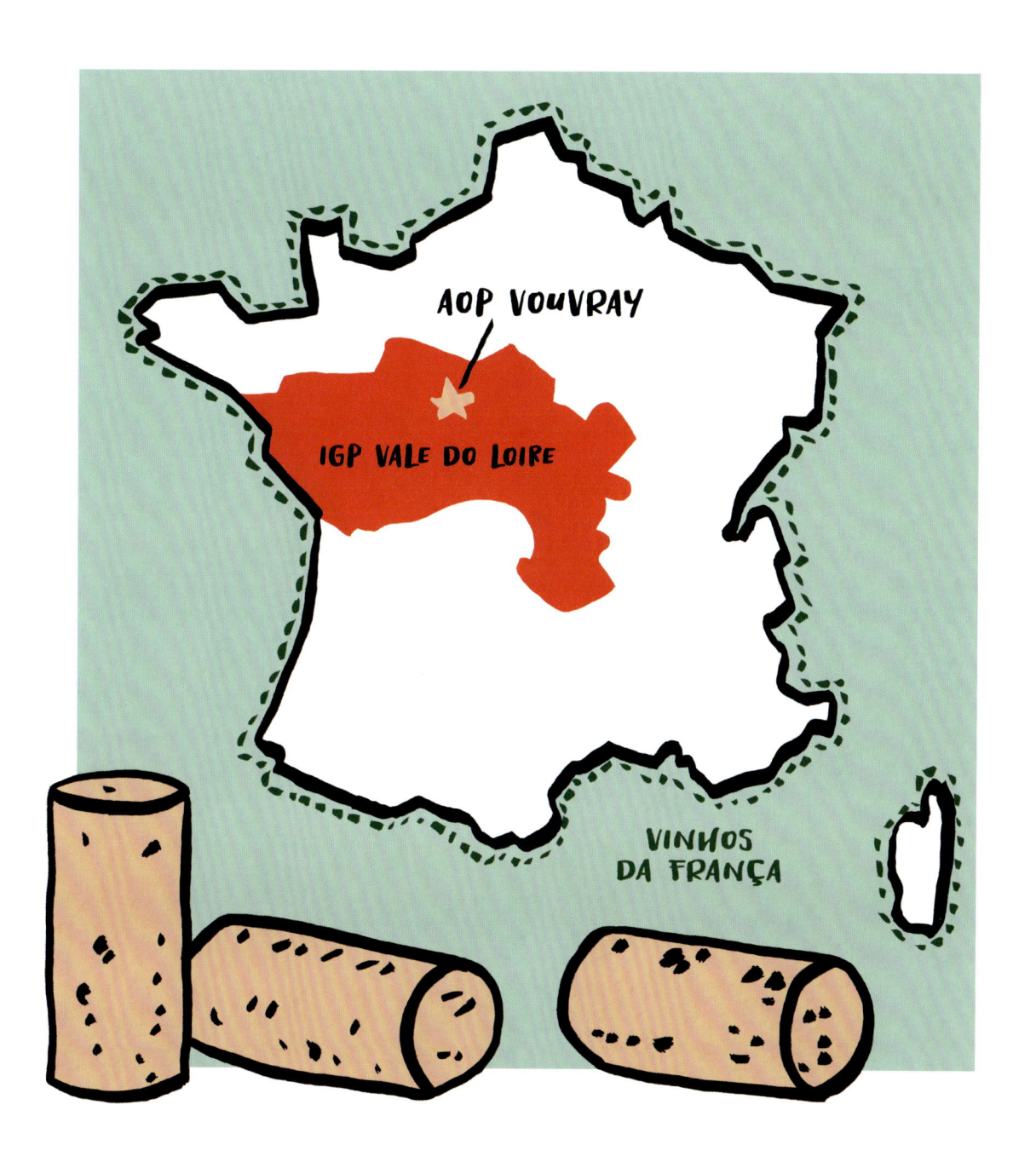

Na França, deve constar no rótulo Vin de France, IGP ou AOP. Os primeiros, muitas vezes os mais modestos, podem vir de qualquer lugar do país. Os IGP provêm de regiões delimitadas e têm mais personalidade. No topo ficam os vinhos AOP, em teoria os melhores, que se originam de regras de produção mais rígidas e vinhedos de qualidade estritamente delimitados.

QUAIS VINHOS TÊM POTENCIAL DE ENVELHECIMENTO?

Acidez e uvas sãs e maduras

Os vinhos capazes de durar e melhorar com o tempo vêm de ótimas uvas: sãs, bem maduras, concentradas (sem muita água), com bom nível de acidez, taninos agradáveis para os tintos e aromas intensos.

Efeito *millésime*

Certos *millésimes* (safras) são mais favoráveis para a guarda do que outros, com uvas colhidas em perfeita maturidade, gerando vinhos fortemente alcoólicos e encorpados que se desenvolverão ao longo do tempo (2005, 2009, 2010, 2015, 2016 para os anos mais recentes).

Vinhos tintos

Os vinhos tintos que, ao mesmo tempo, são ricos em taninos e oferecem acidez recebem bem o envelhecimento. Certas cepas (como a Syrah, Cabernet Sauvignon, Malbec, Mourvèdre e Tannat) podem produzir vinhos de guarda renomados.

Vinhos brancos secos

Os vinhos brancos ao mesmo tempo encorpados e ácidos são capazes de se conservar. É o caso, por exemplo, de certos vinhos da Borgonha, vinhos de uva Riesling ou espumantes safrados, ou seja, originados de grandes anos.

Açúcar e álcool

Os vinhos de sobremesa bem alcoólicos e muito doces mostram melhor capacidade de guarda do que os secos, pois o açúcar é um excelente conservante. Certos vinhos doces que possuem muito mais álcool, como o Porto, podem envelhecer por décadas.

Efeitos da idade

Com o tempo, a cor muda: mais escura nos vinhos brancos, mais clara e alaranjada nos tintos. Os taninos dos tintos se suavizam, o vinho se torna mais macio na boca e os aromas da juventude (frutas frescas ou carvalho) lembram frutas cristalizadas, couro, cogumelos, defumado...

A maior parte dos vinhos são destinados a serem bebidos jovens, mas alguns melhoram com o tempo: os vinhos de guarda. São certos vinhos brancos encorpados e ácidos, vinhos tintos tânicos, vinhos de sobremesa muito doces ou vinhos fortemente alcoolizados, os fortificados. Todos têm um ponto em comum: devem ser feitos de uvas boas, saudáveis, ricas e bem maduras.

COMO CONSERVAR SEUS VINHOS DE GUARDA?

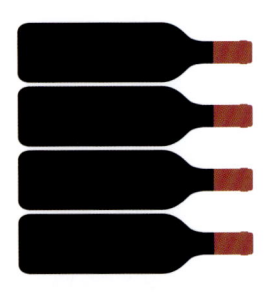

Na horizontal

As garrafas devem ser armazenadas na horizontal, por ser mais fácil de empilhar e para que a rolha permaneça sempre em contato com o vinho. Dessa forma a cortiça não resseca, permanece estanque e protege de forma duradoura o vinho dos danos causados pelo oxigênio.

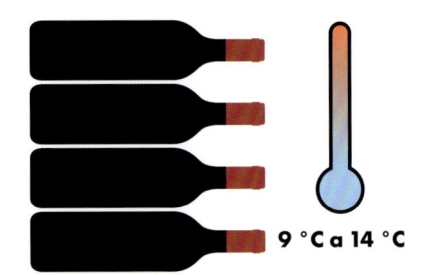

Temperaturas moderadas e estáveis

9 °C a 14 °C

O vinho detesta picos de calor, que o fazem envelhecer prematuramente, alterando sua cor, seus aromas e seu frescor, e o frio excessivo, que pode retrair as rolhas. Temperaturas entre 9 °C e 14 °C, sem variações bruscas, são adequadas.

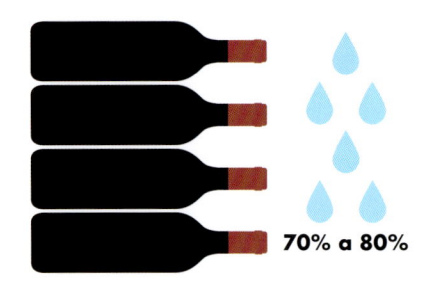

Umidade

70% a 80%

Requer umidade entre 70% e 80%. Acima disso, a rolha pode mofar (algo raro de acontecer) e os rótulos também. Já em ambientes muito secos, a rolha pode secar e deixar o ar passar: o vinho se oxida ou até mesmo escorre através dela.

Escuridão

Vinho gosta de escuridão, ou melhor, detesta a luz, que pode degradar sua cor e criar aromas pouco simpáticos de couve-flor, o "gosto de luz". As garrafas transparentes são mais sensíveis a esse defeito do que garrafas escuras.

Barulho e odores

As vibrações (metrô, circulação, eletrodomésticos) podem perturbar o vinho, ao trazer a borra de volta para suspensão. Odores também podem passar para o vinho: óleo combustível, tinta, legumes de odor forte (como alho e cebola) ou inseticidas.

Vinhos frágeis

Protegidos por seus taninos, os vinhos tintos são menos sensíveis ao ambiente do que os vinhos brancos ou rosés, e tanto quanto os vinhos sem sulfito adicionado, que são muito reativos ao oxigênio e a altas temperaturas.

Os vinhos para consumo imediato necessitam de menos cuidados do que os destinados a envelhecer por meses ou anos. Os vinhos de guarda devem ser conservados deitados, não gostam de luz agressiva, nem de atmosferas secas, nem de barulho ou mau cheiro, muito menos de ondas de calor e variações bruscas de temperatura.

COMO CONSERVAR UMA GARRAFA DEPOIS DE ABERTA?

Qual o problema?

Um vinho reage rapidamente e de forma violenta ao ar quando é muito exposto, o que ocorre quando se abre a garrafa. Mais ou menos rápido, os aromas se enfraquecem e caramelizam, o vinho se torna flácido, mole e perde frescor.

Quais são os vinhos mais frágeis?

Os vinhos sem adição de sulfito, os tintos leves pouco protegidos por seus taninos, os brancos secos pouco ácidos ou os rosés podem se alterar ao final de algumas horas em temperatura ambiente. Os espumantes perdem rapidamente suas bolhas.

Na geladeira

Colocar a garrafa na porta da geladeira, depois de voltar a fechá-la, com sua rolha original ou não, é um excelente hábito. Como a degradação é desacelerada a baixas temperaturas, isso permite que o vinho se mantenha adequado por alguns dias.

Bomba a vácuo

Simples, barato e muito eficaz, o aparelho permite, com ajuda de uma bomba e uma rolha de plástico própria, a retirada do ar contido na garrafa. Um vinho protegido dessa forma tem sua expectativa de vida prolongada em vários dias.

Aparelhos de gás inerte

Caros, mas eficientes, injetam um gás inerte mais pesado que o ar que protege o vinho de forma eficaz. Certos modelos extraem o vinho através da rolha com a ajuda de uma seringa, o que permite saborear uma garrafa grande durante vários meses.

Um vinho em contato com o oxigênio está em risco. Isso acontece quando uma garrafa foi aberta e parcialmente consumida. A primeira reação é fechá-la com a rolha e colocá-la na geladeira, mas há algo melhor a se fazer em se tratando de vinhos frágeis: suprimir o ar dentro da garrafa com uma bomba a vácuo ou injetar um gás inerte que proteja do oxigênio.

COMO COMPOR UMA ADEGA?

Quantas garrafas?

Isso dependerá do lugar e de seu consumo. O perigo é comprar demais e ver os vinhos se degradando antes de serem bebidos, o que acontece com frequência. Em vez de exagerar no estoque, é melhor comprar pouco e renovar os vinhos à medida que forem consumidos.

Vinhos para guardar, vinhos para beber

Opte por uma maioria de vinhos para serem bebidos dentro de um ano ou dois. Caso tenha uma adega adequada, também adquira vinhos de média guarda, a serem bebidos em cinco anos, e alguns de longa guarda, que constituirão a base do acervo da adega.

Varie os prazeres

Uma adega possui em sua maioria vinhos tintos – os mais bebidos –, mas diversifique as origens (regiões, países) e os estilos (encorpados, leves).
Não se esqueça dos brancos secos, dos espumantes e dos vinhos de sobremesa, para cobrir todas as ocasiões e gostos.

Organize

O ideal é classificar suas garrafas por cores e tipos (tintos, brancos secos, brancos doces, rosés, espumantes) e em seguida por regiões (Bordeaux, Borgonha). Para facilitar o acesso, coloque os vinhos que devem ser bebidos jovens nas fileiras da frente.

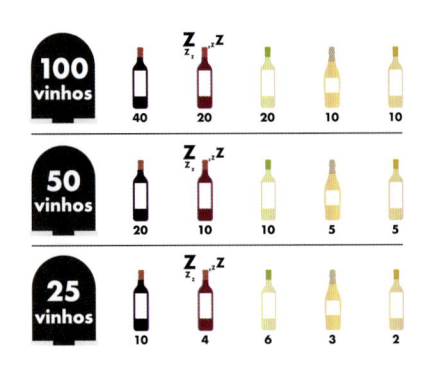

Exemplos de adega

100: 40 tintos para consumo rápido, 20 tintos de guarda, 20 brancos secos, 10 espumantes, 10 doces.
50: 20 tintos para consumo rápido, 10 tintos de guarda, 10 brancos secos, 5 espumantes, 5 doces.
25: 10 tintos para consumo rápido, 4 tintos de guarda, 6 brancos secos, 3 espumantes, 2 doces.

As opções e a quantidade de garrafas devem levar em conta seu ritmo de consumo, sua capacidade de armazenagem, seus gostos, claro, mas também o de outras pessoas, pois vinho tem tudo a ver com partilhar. O ideal é apostar na diversidade: vinhos para beber, vinhos de guarda, de diversos tipos e proveniência.

QUAIS SÃO OS TIPOS DE ADEGA?

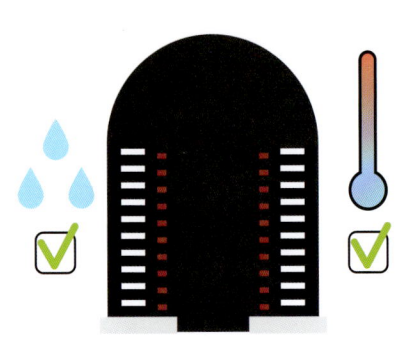

Adega ideal

Felizes (mas raros) são os proprietários de casas que têm uma adega no subsolo com todas as características essenciais. Úmida, escura, fresca e com temperatura constante, a adega ideal oferece todas as garantias para um envelhecimento harmonioso dos vinhos.

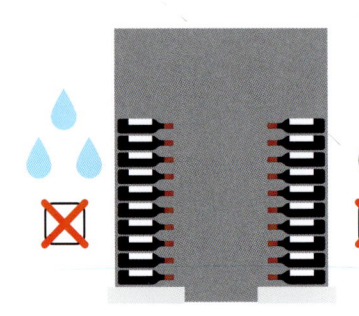

Adegas de prédio

Muitas vezes quentes e secas, elas não são ideais para envelhecer vinhos, mas são aceitáveis para acondicionar por curtos períodos vinhos de consumo rápido. As adegas em subsolos de construções antigos podem ser mais apropriadas.

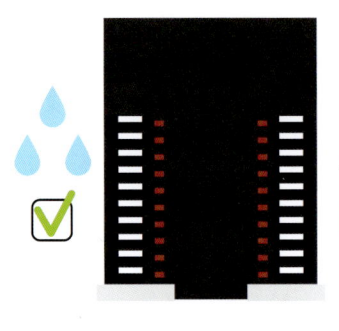

Adegas sob medida

Tendo espaço e recursos, podem-se contratar profissionais que criem adegas pequenas, mas práticas, ou adaptar um cômodo ou uma garagem.

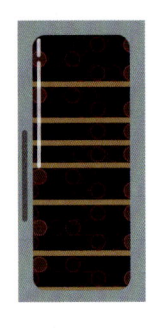

Adegas "de apartamento"

A solução ideal. Esses "armários de vinho", de diferentes tamanhos e capacidades, são uma espécie de geladeira especializada, com controle de temperatura e umidade. Não confunda adega de envelhecimento com adega de serviço.*

Adega a distância

Nas grandes cidades francesas, há profissionais que podem conservar as garrafas de clientes em locais perfeitamente adaptados e equipados. Alguns oferecem serviço de entrega ou de disponibilização, outros funcionam em autoatendimento.

Adega improvisada

Para vinhos que serão bebidos em breve, é possível instalar um compartimento de garrafas em um armário ou no canto de um cômodo. Essa solução pode ser conveniente, contanto que não se escolha um lugar nem muito quente, nem iluminado demais.

*N. E.: Não são comuns no Brasil.

Uma adega subterrânea, úmida, fresca e com temperatura constante é ideal, mas privilégio de poucos. Na falta, é possível transformar, com algumas adaptações, um cômodo em uma adega eficiente. Existem soluções menos caras, como as adegas de apartamento ou o armazenamento externo em empresas especializadas.

QUAIS SÃO AS FORMAS E OS TAMANHOS DE GARRAFA?

Uso da garrafa

Graças aos progressos da vidraria, foi no século XVII que se começou a engarrafar o vinho. Pôde-se observar que os vinhos engarrafados se conservavam melhor do que dentro de barris e, no caso de alguns, melhoravam com a idade.

Bordalesa

Chamada às vezes de "frontignan", seus ombros quadrados desenham uma silhueta rígida, um pouco como certos jovens vinhos de Bordeaux. Normalmente presente em Bordeaux, é também a garrafa mais utilizada no mundo.

Borgonhesa

Seus ombros caídos lhe dão aspecto mais arredondado que a bordalesa. Indispensável na Borgonha, ela também se encontra no Beaujolais, no Vale do Rhône e em várias outras regiões e países do mundo.

Champagne

Utilizada em Champagne e para a maioria dos outros vinhos espumantes, ela lembra a borgonhesa, com um vidro mais pesado e mais espesso, necessário para que a garrafa resista à forte pressão do gás carbônico contido no vinho.

Renana, *flûte* ou alsaciana

Alta e alongada, ela é tradicionalmente utilizada na Alemanha e é obrigatória na Alsácia. Original, mas nem sempre fácil de acondicionar de pé em uma geladeira, e menos ainda de empilhar dentro da adega.

Tamanhos

Meia garrafa 0,375 l | Padrão 0,75 l | Litro 1 l | Magnum 1,5 l | 3 l | Jeroboam 4,5 l | Rehoboam 6 l | Matusalém 9 l | Salmanazar 12 l | Baltazar 15 l | Nabucodonosor 18 l | Melchior

Embora o padrão seja a garrafa de 750 mL, os formatos variam de pequeno (375 mL), grande (1,5 L ou 3 L) a muito grande (9 L, 12 L, 15 L e 18 L). As garrafas muito grandes ganharam nomes do Antigo Testamento ou de reis da Antiguidade, como Baltazar, Nabucodonosor e Melchior.

A partir do século XVII surgiram progressivamente diferentes formas de garrafa, resultantes de tradições regionais que acabaram se tornando padrão, como a garrafa renana, a bordalesa, a borgonhesa ou a champagne, utilizadas hoje para além de sua região de nascimento. Elas se dividem em diferentes tamanhos, que vão desde a meia garrafa até a Salomão ou Melchior.*

*N. E.: No Brasil, há também a garrafa Piccolo, ou baby, que comporta 187 mL.

O QUE FAZ O SABOR DE UM VINHO?

A(s) cepa(s)

O sabor da uva Chardonnay não é como o da Sauvignon Blanc: cada cepa possui caráter próprio, mais ou menos pronunciado, que transmite ao vinho. Sabores e aromas variam consideravelmente de acordo com a variedade da uva.

Terroir

Uma mesma cepa cultivada em um vinhedo de planície ou em um vinhedo de encosta não dará uvas idênticas. O vinhedo, com suas características de inclinação, exposição ao sol, solos e clima, tem papel essencial no gosto da uva colhida.

Safra

Um verão chuvoso e frio dará uvas mais ácidas e menos doces do que um verão quente e bem ensolarado. Em certas regiões de clima moderado, como o Vale do Loire ou a Borgonha, cada ano é diferente.

Vitivinicultor

É o regente da orquestra. Rendimentos, datas de colheita, técnicas de fermentação, uso de barricas ou de tanque, cortes... Em cada etapa, o vitivinicultor faz escolhas que afetam o sabor final de um vinho.

Tempo

O sabor de um vinho pode mudar muito ao longo do tempo. Se provado jovem, um Bordeaux pode ser tânico e ácido, dotado de aromas de frutas frescas e carvalho. Passados 15 anos, ele dará uma sensação muito mais suave com notas de sub-bosque e frutas cristalizadas.

Leve, encorpado, rico, magro, exuberante, discreto...
O vinho oferece uma diversidade única de sabores. Isso se deve às cepas, ao *terroir* e à safra, que podem dar uvas com níveis variados de doçura, acidez, maturação e perfume, mas também ao vitivinicultor, capaz de orientar o sabor do vinho. Na garrafa, a vida do vinho não para. O tempo também modifica seu sabor.

COMO DEGUSTAR UM VINHO?

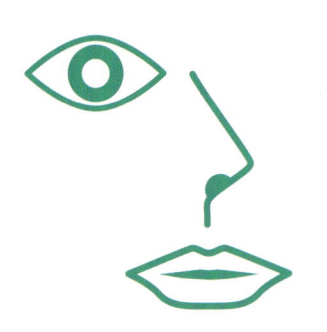

Por que degustar?

Para analisar a qualidade de um vinho em três etapas: visão, olfato e paladar (olhos, nariz e boca, no jargão profissional). Mas é sobretudo por ser um prazer, um jogo apaixonante: anote suas impressões, pois sempre se aprecia melhor o que se consegue traduzir em palavras.

Às cegas?

Provar um vinho sem olhar o rótulo (vidro preto, garrafa coberta) para não ser influenciado por sua proveniência torna a degustação mais lúdica: uma degustação que recorra somente às suas sensações, memória e conhecimentos para adivinhar as características do vinho.

Preliminares

Há uma única ferramenta realmente indispensável: uma boa taça de vinho. A melhor forma de se degustar é sentado, em um cômodo claro, sem influência de odores externos. O melhor momento é o fim da manhã, quando a fome aguça os sentidos.

Olho: análise visual

Examinar o aspecto externo de um vinho é estar atento à sua coloração, sua limpidez e sua consistência. O aspecto visual pode às vezes fornecer informações sobre a cepa utilizada e sobretudo a idade dos vinhos, pois o tempo modifica a cor.

Nariz: análise olfativa

Coloca-se o nariz dentro da taça para sentir e identificar as moléculas "voláteis" que fornecem os aromas do vinho. É lúdico, mas sobretudo instrutivo, pois os aromas podem nos dizer muito sobre o *terroir*, a idade, a cepa e os métodos de elaboração de um vinho.

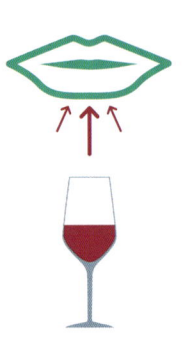

Boca: análise gustativa

É na boca que o vinho revela suas dimensões: o palato é sensível aos sabores (doce, ácido, amargo), captados graças às papilas, aos aromas (que sobem ao nariz por uma passagem na parte de trás da boca), mas também à textura e ao toque.

A degustação não requer nada além de uma taça de vinho, conhecer um pouco de método e um tanto de envolvimento. Ela se resume a três gestos: observar o aspecto, sobretudo a cor, mergulhar o nariz dentro da taça para avaliar os aromas e, por fim, colocar o vinho na boca, mastigá-lo por alguns segundos e tentar descrever as sensações: aromas, sabores, toque, prazer!

O QUE COMPÕE O ASPECTO VISUAL DE UM VINHO?

Coloração

O tinto, o rosé e o branco constituem as três cores básicas, mas cada uma varia em múltiplas nuances associadas às cepas, aos métodos de vinificação e à idade do vinho. Com o tempo, as cores vivas da juventude se degradam e outras nuances aparecem.

Intensidade

Certos vinhos têm aspecto claro, translúcido; outros, aspecto muito escuro, denso, às vezes opaco. Muitas vezes (nem sempre), a cor intensa é sinal de um vinho potente originado de uvas bem maduras.

Limpidez

Embora a maior parte dos vinhos sejam límpidos, alguns podem parecer ligeiramente turvos. Normalmente não se trata de defeito, mas sinal de que o vinho não foi filtrado antes de ser engarrafado. A menção "não filtrado" pode constar no rótulo.

Lágrimas

As lágrimas, ou pernas, são os rastros deixados pelo vinho nas paredes da taça depois de girada. Quanto mais alcoólico é um vinho, mais grossas são as lágrimas e mais lentamente elas escorrem. Lágrimas abundantes são, portanto, sinal de um vinho caloroso.

Sedimentos

Pequenos sedimentos, sob forma de taninos coagulados em certos vinhos tintos de idade respeitável, ou de cristais de tártaro transparentes nos vinhos brancos, podem se formar no fundo da taça. São inofensivos e não afetam a qualidade de um vinho.

Bolhas

Elas formam um cordão que sobe da base da taça e explode na superfície: é o charme dos espumantes. Pequenas ou grandes, elas não são sinal de qualidade, pois o aspecto da bolha depende sobretudo da taça utilizada e da quantidade de gás carbônico no vinho.

Tinto, branco, rosé, rubi, granada, dourado, tijolo...
O aspecto de um vinho é, antes de tudo, sua cor, mas também há outros elementos visuais: intensidade, limpidez, presença eventual de sedimentos ou de gás carbônico, consistência da lágrima que adere ao vidro. Mais do que um indicador de qualidade, o exame do aspecto visual é um prazer.

QUAIS SÃO AS CORES DOS VINHOS?

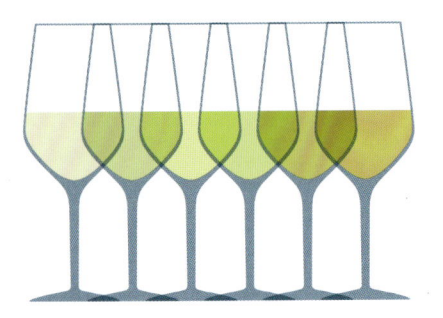

Vinhos brancos jovens

Vinhos brancos leves e frutados apresentam muitas vezes um aspecto amarelo-claro, com reflexos verdes. Vinhos brancos encorpados, amadurecidos em barrica, e vinhos doces feitos de uvas concentradas apresentam um amarelo mais intenso.

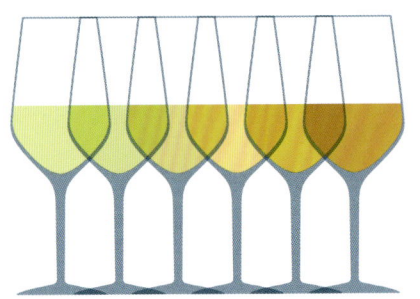

Vinhos brancos envelhecidos

Após alguns anos, os tons amarelos da juventude viram cores mais escuras, indicando, muitas vezes, que está na hora de beber o vinho. Alguns raros vinhos fortificados, longamente amadurecidos em barrica, mostram tons castanhos.

Vinhos tintos jovens

A gama de cores de um jovem vinho tinto se estende desde o violáceo até o rubi, dependendo da cepa. Existem exceções, mas em geral os vinhos leves oferecem cores pálidas, e os vinhos encorpados, cores mais intensas e escuras.

Vinhos tintos envelhecidos

Com o tempo, os vinhos tintos mudam de coloração. Os tons violeta e rubi da juventude vão se tingindo aos poucos de reflexos alaranjados ou granada. Os vinhos totalmente evoluídos mostram um aspecto atijolado ou até castanho-escuro.

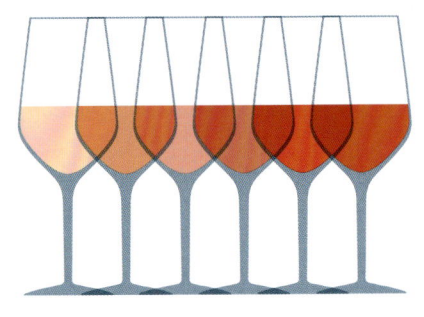

Vinhos rosés

Rosa alaranjado, rosa pálido, rosa intenso, rubi claro: a cor dos rosés não reflete o efeito do tempo, mas sim o modo de elaboração e o tempo de contato entre as cascas e o suco.

O melhor método

Para determinar a cor com precisão, o melhor é inclinar a taça a um ângulo de 45° à sua frente contra um fundo branco. No caso dos vinhos tintos mais escuros, ajuda ver a cor da superfície de contato do líquido com o ar, onde o vinho está em seu nível mais baixo.

Sob efeito do oxigênio, a cor dos vinhos muda com o envelhecimento: os tintos passam de tons violeta ou rubi para nuances granada e, depois, mais alaranjados; os brancos evoluem do amarelo (claro ou intenso) para tons dourados e depois ambarados. O tom dos rosés, feitos para serem bebidos jovens, vai do rosa alaranjado ao rubi claro, a depender do modo de produção.

DE ONDE VÊM OS AROMAS DE UM VINHO?

Como os aromas são sentidos?

É no bulbo olfativo, na parte frontal do cérebro, que identificamos os aromas. Na degustação, nós os percebemos duas vezes: pelo nariz, ao cheirar o vinho, e pela boca, quando os aromas sobem pela passagem que liga o palato ao nariz.

Aromas primários

Aromas vindos das cepas, como os que sentimos ao morder uma baga de Moscatel. Aqui, figuram os aromas frutados (cereja na Pinot Noir), florais (rosa na Gewürztraminer), vegetais (ramo de buxo na Sauvignon) ou condimentados (pimenta na Syrah).

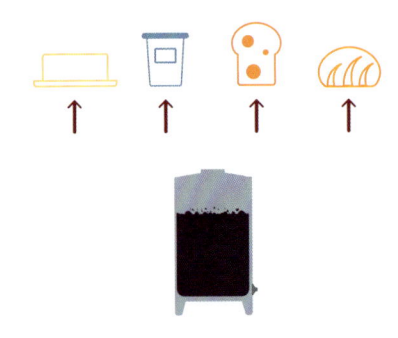

Aromas secundários

Nascem da atividade das leveduras durante a fermentação alcoólica ou malolática (que torna o vinho menos ácido). São sobretudo os chamados aromas "de confeitaria", tais como manteiga, creme, brioche ou massa de pão.

Aromas terciários

Surgem com a maturação em barrica de carvalho (pão tostado, baunilha, caramelo, coco, café) e com o envelhecimento dos vinhos: frutas secas ou cristalizadas, notas de outono (cogumelos, sub-bosque), tabaco, couro, carne de caça, mel ou ainda fumaça.

O melhor método

Para liberar os aromas, gira-se lentamente a taça segurando-a pela haste para criar um pequeno turbilhão que acelera a liberação dos aromas. Em seguida, leva-se a taça ao nariz. Como o peso dos aromas varia, alguns levarão mais tempo para se manifestar.

Como treinar o olfato?

O olfato é um sentido que nos esquecemos de usar; reconhecer os aromas muitas vezes é um exercício desconcertante. Acione-o sempre que possível para que ele trabalhe e se desenvolva, como um músculo. Também é possível treiná-lo com pequenos frascos de aromas.

Aromas são proporcionados por moléculas voláteis que se soltam da taça e que chegam ao degustador com leves inspirações. Esses odores provêm da cepa, da fermentação das uvas, da maturação e do envelhecimento dos vinhos. Muito instrutivos, eles são um dos grandes prazeres da degustação.

QUAIS SÃO AS GRANDES FAMÍLIAS DE AROMAS?

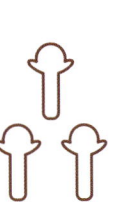

Aromas frutados

Embora o vinho venha da uva, ele raramente evoca seus aromas, sendo mais frequente remeter a outras frutas. É possível distinguir frutas vermelhas e negras (vinhos tintos), tropicais, amarelas e brancas (vinhos brancos), mas também frutas frescas, cozidas e secas.

Aromas florais

Os aromas de flores brancas (acácia, madressilva, lírio-do-vale) ou de rosas são frequentes nos vinhos brancos jovens. Certas castas tintas (como Syrah e Malbec) podem evocar notas intensas de violeta, e outras a peônia.

Aromas amadeirados

Provêm de barricas novas ou jovens utilizadas para fermentar ou amadurecer vinhos brancos e tintos de alta qualidade. Aparecem nas notas de baunilha, coco, torrefação, cravo-da-índia, cedro ou pão tostado.

Aromas vegetais

Eles cobrem a paleta que inclui aromas de vegetais frescos (grama, buxo, folhas verdes) ou úmidos (musgo, sub-bosque, cogumelos), legumes (aspargos, pimentão, funcho), plantas aromáticas (tomilho, louro, menta, eucalipto) ou especiarias (pimenta, alcaçuz, canela).

Aromas de confeitaria

Frequentes nos vinhos brancos, eles evocam biscoito, creme, baunilha, brioche, manteiga fresca, leite ou pão. Podem ser provenientes de leveduras mortas conservadas durante a maturação *sur lie* (sobre borras) e da fermentação malolática.

Aromas animais e minerais

Couro, carne, pelo ou carne de caça são aromas que encontramos prioritariamente em vinhos tintos evoluídos. Certos vinhos brancos apresentam notas de sílex, fósforo queimado ou grafite, classificadas como minerais.

Para descrever os aromas, são utilizadas analogias que remetem a evocações comuns. Embora não exista uma classificação oficial, pensa-se em termos de grandes grupos: frutas, flores, confeitaria, bosque, especiarias, vegetais e animais. Pode-se também observar as sensações: frescor ou calor, jovialidade ou maturidade.

COMO PROVAR UM VINHO?

Açúcar

Perceptível sobretudo nos vinhos de sobremesa, o açúcar dá sensação de doçura, mas um vinho excessivamente açucarado poderá parecer pesado e desequilibrado por causa da ausência de acidez. Os melhores vinhos de sobremesa são aqueles que possuem forte acidez.

Acidez

Vital para o equilíbrio do vinho, a acidez traz frescor, vivacidade e provoca leve salivação. Se ácido demais, um vinho parece agressivo e magro; se não for ácido o bastante, parecerá mole e chato. Sua percepção é reduzida nos vinhos concentrados e de alto teor alcoólico, como nos doces.

Taninos

Nos tintos, manifestam-se por meio de uma sensação de secura e adstringência, com intensidades que variam segundo a cepa. Taninos bem maduros dão corpo, consistência e contribuem para a capacidade de guarda. Taninos pouco maduros e amargos tornam os vinhos desagradáveis.

Corpo

Determina o volume e a riqueza do vinho na boca: certos vinhos parecem leves e fluidos como água, outros são mais espessos, mais densos. O álcool, o açúcar e, nos tintos, os taninos contribuem para o corpo do vinho, assim como a concentração e a riqueza das uvas.

Aromas e persistência

Os aromas viajam pelo canal que liga o palato ao nariz. Em geral, são sentidos mais intensamente na boca. A persistência dos aromas, depois que o vinho é engolido (ou cuspido), ou "final de boca", é sinal da qualidade do vinho.

Equilíbrio

Um vinho pode ser doce, ácido, tânico, corpulento, aromático e de final longo, mas é preciso que ele apresente boa harmonia entre todas as sensações. Assim, um vinho ácido e tânico poderá parecer magro e austero se não possuir corpo e fruta suficientes.

É na boca que o vinho revela todas as suas facetas. Para percebê--las, o degustador toma um pequeno gole e o "mastiga" por alguns segundos para intensificar as sensações. O palato é sensível aos sabores (acidez, açúcar, amargor) percebidos pelas papilas, aos aromas e ao toque, que permite avaliar o corpo do vinho. Um bom vinho oferece harmonia e equilíbrio entre essas sensações.

QUAIS SÃO OS DIFERENTES ESTILOS DE VINHO TINTO?

Frescos e leves

Muitas vezes pouco coloridos e não amadeirados, eles têm a seu favor a leveza, o frescor, a maciez, taninos muito discretos e aromas de frutas frescas, como os vinhos do Beaujolais, do Vale do Loire ou de Savoie produzidos a partir da Gamay, Bardolino ou Valpolicella (Itália).

Carnosos e frutados

Têm mais corpo, taninos mais marcados, mas suaves, aromas de frutas frescas ou mais maduras, a depender do clima, amadeirados ou não. O estilo vai do fresco (certos Bordeaux, Sancerre, a maioria dos Borgonha, Anjou, Bourgueil) ao mais caloroso (Côtes-du-Rhône, Languedoc, Côtes de Provence).

Tânicos e encorpados

Vinhos de Bordeaux (Pauillac, Pessac-Léognan, Saint-Julien), Sud-Ouest (Cahors, Madiran), norte do Rhône (Cornas, Côte-Rôtie), alguns da Borgonha (Gevrey-Chambertin, Pommard): são vinhos coloridos, amadeirados, de grande guarda, intensos, frescos, de taninos sólidos.

Solares e condimentados

Produzidos em climas ensolarados, são ricos, suaves, calorosos, pouco ácidos, dotados de aromas de geleias de frutas, especiarias ou aromáticos. Na França, são encontrados no sul do Vale do Rhône, em Languedoc ou na Provence.

Doces e calorosos

Obtidos através da fortificação, originados de climas e uvas muito maduras, os vinhos doces naturais são calorosos (16° a 20°), encorpados e perfumados, dotados de aromas de geleia de frutas negras e especiarias que evoluem com o tempo para frutas cristalizadas ou secas.

Os raros efervescentes

Existem raros exemplos de vinhos tintos efervescentes, sobretudo na Itália (Lambrusco, Brachetto d'Acqui). Secos ou ligeiramente doces, frescos sem serem vibrantes demais, eles oferecem aromas nítidos de frutas vermelhas aciduladas.

O estilo de um vinho é seu caráter, sua personalidade, ou seja, os aspectos dominantes de seu gosto: leve ou encorpado, fresco ou caloroso, macio ou tânico... A grande família dos vinhos tintos pode ser dividida em cinco categorias: frescos e leves, carnosos e frutados, encorpados e tânicos, solares e condimentados, doces e calorosos. Alguns raros espumantes também são dignos de nota.

QUAIS SÃO OS DIFERENTES ESTILOS DE VINHO BRANCO E ROSÉ?

Brancos vibrantes e leves

Pálidos, em geral maturados em tanque e produzidos em clima frio ou temperado, seduzem por sua vivacidade, leveza e aromas frescos e tônicos. Eles se mostram intensos ou mais discretos, dependendo da cepa.

Brancos encorpados e frescos

De uvas mais maduras, são intensos, concentrados, frescos, aptos para a guarda. Podem ser maturados em barricas, como os da Borgonha (Chardonnay) ou certos brancos do Loire (Chenin). Rieslings da Alsácia ou Bordeaux de alta qualidade são dessa família.

Brancos potentes e carnosos

De climas quentes (Rhône, Languedoc, Provence) e uvas maduras, distinguem-se por sua riqueza e leve acidez, que dão sensação de potência na boca e apresentam níveis variados de perfume (flores brancas, frutas amarelas, frutas tropicais).

Brancos doces

Existem os *moelleux*, mais frescos e leves, com aromas de frutas amarelas e tropicais, e os licorosos, produzidos de uvas concentradas, vinhos mais potentes, ricos e perfumados, dotados de intensos aromas de frutas cristalizadas e de frutas secas, como os Sauternes.

Brancos espumantes

Provenientes de uvas pouco doces e ácidas, são muitas vezes vinhos leves, vibrantes, com aromas de frutas verdes, cítricos e flores brancas, notas de brioche ou de pão tostado nos vinhos elaborados segundo o método tradicional, como os Champagnes.

Rosés

Existem os rosés pálidos (como os da Provence), frescos, leves, com frutas tropicais, cítricos ou bala, e os rosés mais escuros e carnosos (Tavel, Bordeaux Clairet) com frutas vermelhas. Alguns rosés são ligeiramente doces (Cabernet d'Anjou).

Assim como os tintos, os vinhos brancos se dividem em diferentes estilos: vibrantes e leves, encorpados e frescos, potentes e carnosos. Os brancos doces e os efervescentes possuem suas especificidades. Embora existam menos variações na família dos rosés, é preciso distinguir os rosés pálidos dos rosés mais escuros, que costumam ser mais potentes.

QUAIS SÃO OS PRINCIPAIS DEFEITOS DO VINHO?

Gosto de rolha

Sentiu forte odor de mofo, gosto desagradável e ligeiramente amargo? O vinho deve ter sido afetado por uma molécula (TCA) fabricada por bolores presentes na cortiça da rolha. Estima-se que de 2% a 4% dos vinhos com rolha de cortiça sejam atingidos por esse problema.

Gosto de vinagre

Pelo nariz notam-se aromas próximos do vinagre ou do esmalte de unhas, e na boca, uma sensação picante. Esse defeito (a acescência) que surge durante a fermentação ou a maturação se deve a bactérias que produzem excesso de ácido acético (o mesmo do vinagre) no vinho.

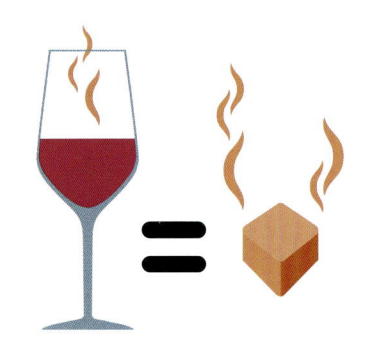

Oxidação

Um vinho jovem demais exposto ao oxigênio ou não protegido por sulfitos pode se cansar muito rapidamente, ainda mais se exposto a fortes temperaturas. Ele parecerá então desbotado, apagado, com aromas próximos do caramelo, de frutas cozidas ou de maçã murcha.

Gosto de luz

Pode afetar garrafas que tenham sido expostas demais à luz natural ou artificial, como a de neons, e assume a forma de aromas desagradáveis de borracha ou repolho. Menos protegidos, os vinhos brancos, os espumantes e os vinhos rosés são mais sensíveis ao problema.

Más leveduras

Pelos, estábulo, suor e, ainda pior, certos vinhos podem ser afetados por leveduras indesejáveis, as *Brettanomyces*, que criam em grande concentração esses aromas desagradáveis. Elas costumam ser consequência de má higiene da adega de vinificação.

O que fazer em caso de defeito?

Nem todos os defeitos vão desaparecer com o arejamento. Em alguns casos, é preciso tampar imediatamente a garrafa com a rolha e devolvê-la rapidamente ao ponto de venda junto do recibo. A troca deve ser feita sem problema.

Vinhos são frágeis e têm muitos inimigos invisíveis.
Bactérias, oxigênio, moléculas ou leveduras indesejáveis,
tudo isso pode alterar definitivamente a qualidade de um vinho.
Os defeitos mais comuns são o gosto de rolha,
vinagre ou luz, a oxidação e a presença de aromas
realmente desagradáveis.

COMO HARMONIZAR PRATOS E VINHOS?

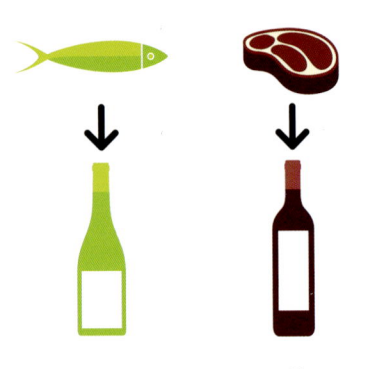

Harmonização das cores

A natureza sabe o que faz, então, é comum existir nexo entre as cores dos pratos e dos vinhos: as comidas "brancas" (peixe, molhos cremosos) harmonizam com vinhos brancos, e as comidas "vermelhas" (carne vermelha, molho de tomate), com os tintos.

Harmonização das intensidades

É preciso harmonizar as intensidades: pratos leves com vinhos leves, pratos delicados com vinhos sutis, pratos fortes com vinhos de caráter. O mesmo vale para as texturas: um prato gorduroso e denso pede um vinho no mesmo estilo.

Opostos se atraem

Por outro lado, estilos e sabores opostos também podem funcionar. A ideia é buscar a complementaridade, mas evitar a saturação: pode-se associar um molho gorduroso ou um prato doce à acidez de um vinho branco.

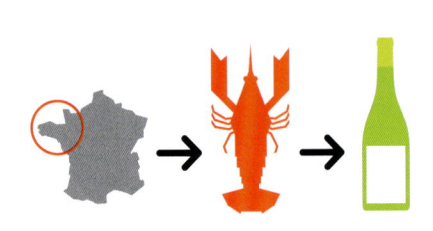

Casamentos regionais

Pratos regionais encontram bons parceiros nos vinhos locais: confit e Madiran, cordeiro e Pauillac, frutos do mar e Muscadet, chucrute e Riesling da Alsácia, queijo Comté e vinho amarelo do Jura, queijo de cabra de Touraine e vinho branco do Loire...

Papel dos molhos, especiarias e aromas

Esses elementos influenciam o sabor do prato e, portanto, a escolha do vinho. Eles também permitem a união entre pratos e vinhos que a princípio seriam incompatíveis, como tinto com peixe ao molho de tomate.

Tudo é relativo

A harmonização entre pratos e vinhos não é uma ciência exata, e os gostos e as aversões pessoais contam tanto quanto a teoria. Um purista pode até se escandalizar, mas ninguém pode julgar se você adorar unir um Camembert muito fino com um tinto envelhecido de Bordeaux.

O cuidado com a harmonização visa equilibrar os componentes do prato e as características do vinho e, se possível, fazer uma combinação em que um realce o outro. Embora não existam regras absolutas e os gostos devam ser considerados, algumas dicas podem ajudar a evitar delírios: harmonizar cores, intensidades, atentar-se aos sabores dominantes e confiar nos casamentos regionais.

QUE VINHO TOMAR EM CADA OCASIÃO?

Piqueniques

Pratos simples, muitas vezes frios, sol, descontração: piqueniques pedem vinhos simples, frutados, leves, vibrantes, servidos gelados (como rosés), tintos frescos (como Beaujolais), ou brancos vibrantes e perfumados (como Touraine de Sauvignon).

Coquetéis

Charcutaria, quiches, queijos, terrines, crudités... Coquetéis associam diferentes comidas. Pode-se escolher de 2 a 3 vinhos capazes de acompanhar essa diversidade: espumantes simples (*crémants*, Prosecco), vinhos tintos macios (Côtes-du-Rhône) e brancos frescos e frutados.

Banquetes

Como todo grande momento gastronômico, é a ocasião para abrir uma bela garrafa. Foie gras, salmão, ostras, aves ou carnes vermelhas, queijos, sobremesas... A variedade de sabores e texturas exige diversidade de vinhos levando em consideração as harmonizações.

Festas noturnas

Em festas, a prioridade deve ser a diversão, a música e os amigos, mais que as sutilezas dos aromas e sabores, então os vinhos devem ser tonificantes e leves, nunca complicados ou cansativos. Os espumantes devem ser únicos por sua leveza e frescor: Champagne, Prosecco, *crémants*.

Vinho do dia a dia

É aquele capaz de acompanhar as refeições do cotidiano em qualquer estação do ano. São vinhos simples, frutados e unificadores, que combinem com grande leque de pratos: Côtes-du-Rhône tintos ou brancos, redondos e frutados (Pays d'Oc, Mâcon), por exemplo.

Não se servem os mesmos vinhos em um piquenique e em um banquete. A escolha deve levar em conta os pratos, a ocasião, o ambiente e a estação do ano: para refeições simples (dia a dia, piqueniques, coquetéis), vinhos simples e polivalentes; para refeições elaboradas (entre apreciadores, jantares), vinhos mais sofisticados; para festas noturnas, vinhos festivos.

A QUE TEMPERATURA SERVIR OS VINHOS?

6 °C a 8 °C — **10 °C a 12 °C** — **9 °C a 11 °C** — **13 °C a 14 °C** — **12 °C**

Brancos secos leves, rosés e espumantes

Os brancos secos leves e os rosés são melhores quando servidos gelados (6 °C a 8 °C). O mesmo vale para os espumantes, uma vez que a temperatura baixa conserva o gás carbônico. Os Champagnes podem ser servidos um pouco mais quentes.

Brancos secos encorpados e brancos doces

Brancos secos mais redondos ou amadeirados pedem serviço mais quente (10 °C a 12 °C) que brancos leves. A maioria dos brancos doces parecerão mais frescos e equilibrados se servidos entre 9 °C e 11 °C.

Tintos leves e vinhos doces

Os tintos leves, frutados e pouco tânicos são mais bem degustados em torno de 13 °C e 14 °C. Os vinhos tintos doces fortificados, ricos em álcool (como Porto e Banyuls), parecerão um pouco mais frescos se servidos em torno de 12 °C.

15 °C a 16 °C — **17 °C a 18 °C**

Tintos encorpados

Os vinhos tintos encorpados exigem temperaturas mais elevadas: em torno de 15 °C ou 16 °C para tintos calorosos, de alto teor alcoólico, e entre 17 °C e 18 °C para vinhos tintos jovens tânicos.

15 a 18 °C
TINTOS ENCORPADOS

12 a 14 °C
TINTOS LEVES

9 a 12 °C
BRANCOS DOCES E SECOS ENCORPADOS

6 a 8 °C
BRANCOS LEVES, ROSÉS, ESPUMANTES

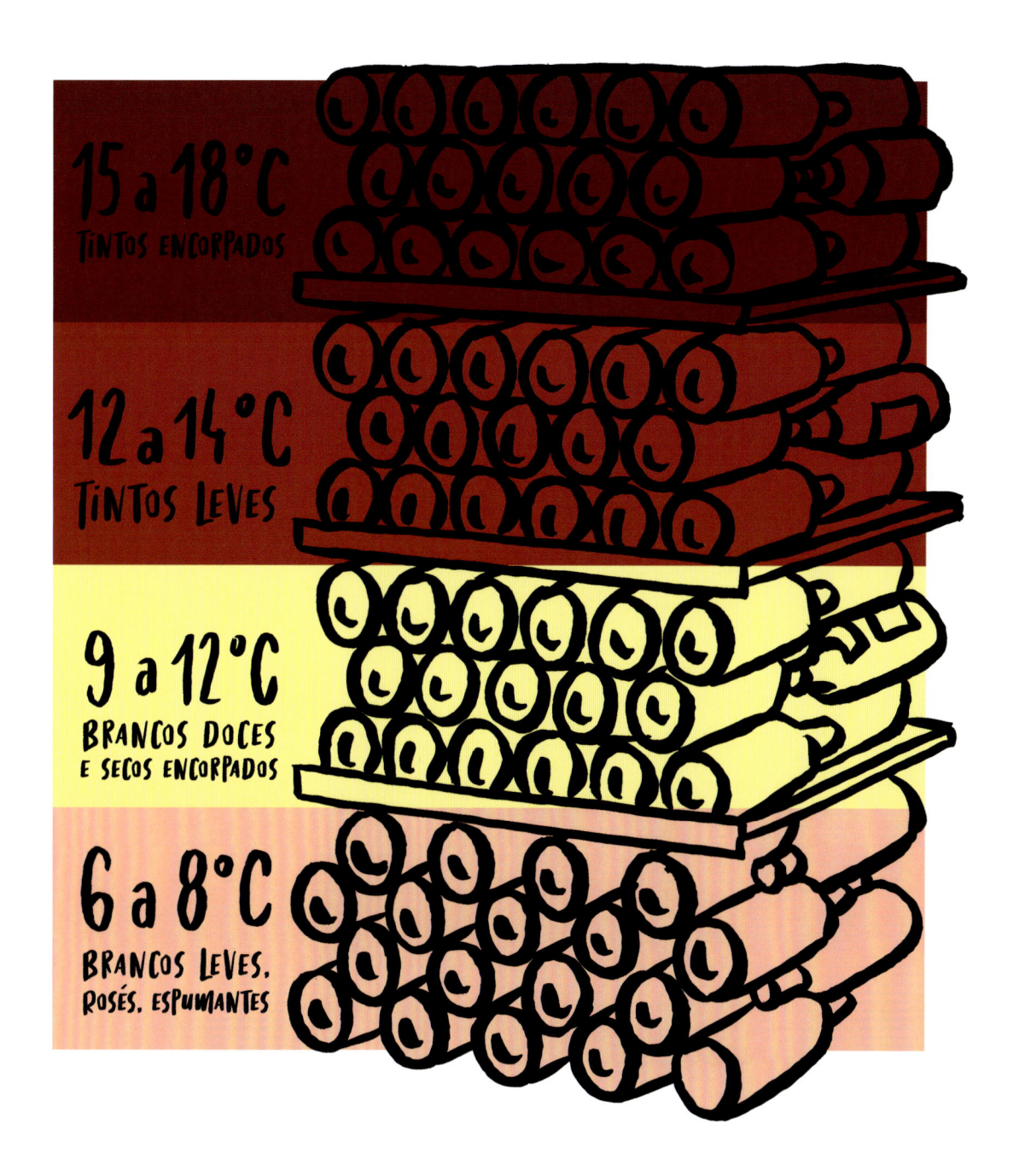

Um vinho servido frio demais é agressivo e pouco perfumado; quente demais, provoca uma sensação desagradável de calor e peso. Cada tipo de vinho exige uma temperatura adequada: 6 °C a 8 °C para brancos leves, rosés e espumantes; 9 °C a 12 °C para brancos doces e brancos secos encorpados; 12 °C a 14 °C para tintos leves; e 15 °C a 18 °C para tintos encorpados.

COMO GELAR UM VINHO?

Geladeira

Com uma temperatura entre 1 °C e 5 °C, a geladeira é suficiente para resfriar um vinho em algumas horas, dependendo da temperatura desejada. A parte mais fria da geladeira geralmente fica acima da gaveta de legumes.

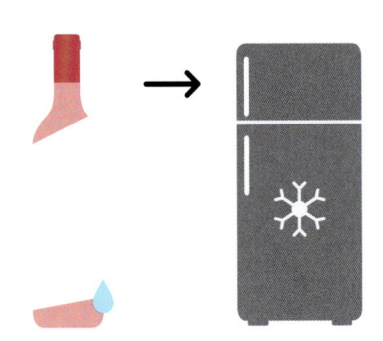

Freezer

O resultado obtido é o mesmo que com a geladeira, mas em menos tempo. Em caso de urgência, pode-se facilmente enrolar a garrafa em uma toalha (ou papel-toalha) previamente molhada para acelerar o resfriamento.

Balde de gelo

Mergulhe a garrafa até a base do pescoço em um balde com gelo previamente preenchido com dois terços de água fria e um terço de gelo por 20 minutos. O balde tem a grande vantagem de conservar o vinho gelado uma vez à mesa.

Sal e gelo

Para acelerar o resfriamento, acrescente um punhado de sal ao balde com gelo. Cerca de 10 minutos bastam para levar a temperatura do vinho a 8 °C. Evite acrescentar gelo na taça, pois, ao derreter, ele dilui o vinho, que se torna aguado e menos aromático.

A geladeira é suficiente para baixar progressivamente a temperatura de um vinho, mas existem outros meios rápidos caso tenha pressa: o freezer ou um balde com dois terços de água fria e um terço de gelo. Pode-se também acrescentar um punhado de sal grosso para acelerar o resfriamento.

POR QUE UTILIZAR UM DECANTER?

Aerar

Colocar o vinho em contato com o oxigênio para liberar aromas ou dissipar odores desagradáveis, mas passageiros, às vezes presentes nos vinhos jovens, como a redução (devido a uma falta de oxigenação durante a vinificação). O arejamento também atenua os taninos dos tintos.

Quais vinhos aerar?

Os vinhos jovens ganham expressão ao passar pelo decanter, mesmo os espumantes (ainda que seu tempo de aeração seja mais curto, para evitar a evaporação das bolhas). As longas aerações devem ser evitadas em vinhos envelhecidos – mais frágeis e com risco de se degradar.

Como aerar?

Utilize um decanter apropriado, cujo corpo em formato de cone oferece uma superfície larga de contato entre o vinho e o oxigênio. Uma hora de aeração basta para a maioria dos vinhos. Também é possível agitar energicamente o decanter para acelerar o processo.

Decantar

O intuito aqui é eliminar o depósito que às vezes se forma em uma garrafa de vinho tinto após uma década ou mais de armazenamento. Esse depósito é constituído de partículas corantes e taninos que, com o tempo, se depositam nas paredes de uma garrafa conservada deitada.

Quais vinhos decantar?

Os vinhos que apresentarem algum depósito, ou seja, vinhos tintos tânicos a partir de 10 anos de idade, além de certos Portos, como o Vintage (de um ano), que não são filtrados e apresentam depósito considerável.

Como decantar?

A garrafa deve descansar por pelo menos 2 horas na vertical, para os sedimentos se depositarem no fundo. Minutos antes do serviço, despeje o vinho no decanter devagar e pare com a borra na parte de baixo do pescoço da garrafa. Um infusor de chá também pode ser usado.

Além da estética e de sua capacidade de fazer um vinho brilhar, existem dois bons motivos para se colocar a bebida em um decanter: o primeiro é arejar o vinho antes do serviço, para desabrochar e liberar seus aromas; o segundo é decantá-lo, ou seja, descartar os sedimentos que podem se formar com o tempo em certos vinhos tintos envelhecidos.

COMO É UMA BOA TAÇA DE VINHO?

Haste

A haste deve ser comprida e fina. Além de tornar a taça elegante, isso permite que se segure a taça sem encostar no cálice (parte onde o vinho é comportado). Assim, o calor da mão não esquenta o vinho e não deixa marcas no vidro.

Incolor ou colorida?

Taças coloridas podem ser simpáticas para beber água. Para o vinho, uma vez que o prazer também passa pela visão, nada melhor que uma taça totalmente incolor e transparente, que dê liberdade para apreciar as nuances de cor e a consistência do vinho.

Formato

O formato da taça influi muito na percepção dos aromas. Uma tulipa, ou seja, bojuda na base e estreita no alto, permite que os aromas se expandam no cálice e se concentrem para quem bebe.

Materiais

Brilhante, fino e leve, o cristal é um material elegante, mas os modelos mais finos são extremamente frágeis. Existem muitas alternativas (vidro, cristal ecológico sem chumbo, Kwarx) mais baratas e mais resistentes que reproduzem a estética do cristal.

Capacidade

Os modelos pequenos não expõem suficientemente o vinho ao ar e os grandes são de um tamanho excessivo. Uma boa taça universal, que permita degustar quase todos os tipos de vinho, é um modelo com cerca de 20 cm para uma capacidade de 300 mL.

Manutenção

A máquina de lavar é uma opção, se a água não tiver muito calcário. Preferencialmente, a lavagem deve ser em altas temperaturas, sem produtos. O melhor método para limpar é lavar a taça com água bem quente e enxugá-la ainda fumegante, com um pano que não solte fiapos.

Uma boa taça de degustação é uma taça polivalente, capaz de receber qualquer tipo de vinho. De capacidade média, ela deve ser transparente, para permitir que se aprecie o aspecto do vinho, tendo uma haste suficientemente alta e em forma de tulipa, mais estreita no alto, para concentrar os aromas.

QUAIS VINHOS SERVEM COMO APERITIVOS?

Espumantes

Leves, gaseificados e frescos, os espumantes são adequados para se tomar como aperitivo: os espumantes (*brut*, *blanc de blancs*), os *crémants*, as cavas ou os Proseccos acompanham bem folhados, canapés (legumes, queijos, peixes), verrines ou frutas secas.

Brancos secos leves

Os brancos leves, vibrantes, não amadeirados, refrescam sem pesar. Um Muscadet, um Sauvignon de Touraine, um Bordeaux branco, um Chablis, um Mâcon ou um branco de Savoie combinam com preparações leves à base de queijo, legumes ou peixe.

Tintos frutados e suaves

Charcutaria vai com tinto fresco, pouco tânico e frutado (Beaujolais, Bourgueil, Touraine), ou um Pinot Noir leve (Alsácia, Borgonha, Jura). Tintos apimentados e carnudos (Crozes-Hermitage, Côtes-du-Rhône), com tapenades ou aperitivos condimentados.

Rosés

Rosés pálidos e macios (Provence) ou mais vibrantes (Loire, Savoie, Sud-Ouest) emprestam sua leveza e frescor a anchoïades (molho de anchova) ou rillettes de peixe, e a qualquer prato à base de legumes (caviar de berinjela, crudités, guacamole...).

Vinhos doces leves

Vinhos doces naturais, como Muscat ou Porto, por muito tempo marcaram presença entre os mais populares aperitivos. Doces e aromáticos, eles saturam as papilas no início das refeições. Pode-se preferir a eles brancos *moelleux* vibrantes e leves, como alguns do Loire ou do Sud-Ouest.

Como o intuito do aperitivo é abrir o apetite, o ideal é servir junto a vinhos frescos, digestivos, frutados e adequados à diversidade de pratos muitas vezes simples e variados, de consistência leve. É o grande momento dos espumantes, vinhos brancos secos frescos, rosés pálidos, vinhos tintos estimulantes e brancos *moelleux* leves.

QUE VINHOS HARMONIZAM COM PEIXES E CRUSTÁCEOS?

Brancos secos vibrantes e leves

Muscadet, Gros-Plant, Sauvignon de Loire ou de Bordeaux, Côtes de Gascogne, Chablis, Sylvaner da Alsácia, Champagne, vinhos de Savoie… Esses brancos vibrantes e leves, os não amadeirados, harmonizam com mariscos, sushis ou peixes grelhados.

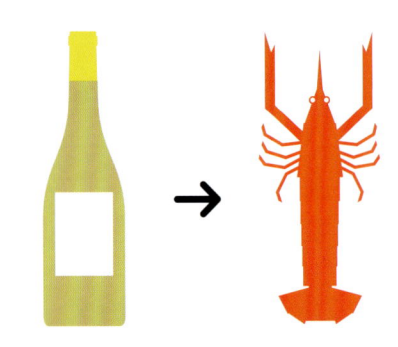

Brancos secos encorpados e frescos

Grandes brancos da Borgonha, como Riesling Grand Cru d'Alsace, Savennières e Pessac-Léognan, são vinhos que têm o frescor e a consistência para crustáceos com molhos cremosos (lagosta, lagostim) e peixes delicados salteados ou com molhos leves.

Brancos potentes e carnosos

Nascidos no sul (Rhône, Provence, Córsega, Languedoc), têm a maciez que pedem os peixes gordurosos (salmão, enguia) assados no forno ou cozidos (ao funcho, em papillotes), os peixes defumados, pratos como brandade de bacalhau ou com lula.

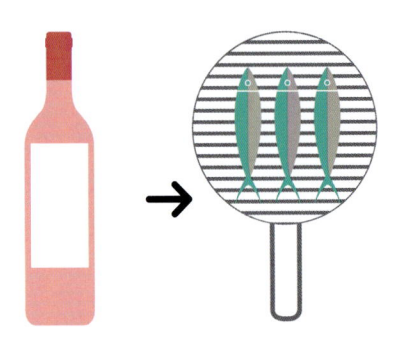

Rosés

Os rosés vibrantes (Sud-Ouest, Bordeaux, Loire) ou mais suaves (Provence) emprestam seu frescor a frutos do mar, peixes grelhados e anchoïades. Rosés mais alcoólicos e escuros (Rhône, Languedoc e Roussillon) podem acompanhar tartar e atum ou salmão grelhado.

Tintos frescos e leves

Os taninos dos vinhos tintos não casam bem com a maioria dos peixes, mas os vinhos tintos pouco tânicos e frutados do Beaujolais, Loire ou Alsácia podem acompanhar peixes de carne rosada grelhados (atum, salmão e salmonete).

À exceção dos pouco tânicos e frutados, que acompanham peixes grelhados de carne rosada, os vinhos tintos, com seus aromas e taninos, não vão com pratos ricos em iodo. Preferem-se os brancos e os rosés: brancos vibrantes e leves com mariscos, sushis ou peixe grelhado; brancos encorpados e frescos com crustáceos e peixes delicados; brancos e rosés potentes com peixes gordos, defumados ou cozidos.

QUE VINHOS HARMONIZAM COM CARNES E CHARCUTARIAS?

Brancos e tintos vibrantes e frutados

Contrastam agradavelmente com a gordura das charcutarias: brancos vibrantes com rillettes e linguiças defumadas do tipo andouille; tintos frescos com salame e presunto cru; tintos mais carnosos, mas pouco tânicos, com terrines, tartares e guisados de carne.

Brancos encorpados

Borgonha (Meursault, Pouilly-Fuissé), Loire (Savennières), Rhône (Saint-Joseph, Châteauneuf-du-Pape) ou Languedoc (Limoux), esses brancos encorpados, sobretudo as versões amadeiradas, vão com carnes brancas e pratos cremosos (como blanquette de vitelo).

Rosés

Rosés pálidos, frescos e leves como os da Provence combinam com churrascos. Os mais escuros e encorpados (Bandol ou Tavel) acompanham bem comidas com personalidade, como um daube (ensopado de carne) ou pratos exóticos com condimentos (como couscous, curry, cozinha asiática).

Tintos carnosos e frutados

Bordeaux feitos de Merlot, rótulos de Bergerac, Borgonha, Côtes-du-Rhône, Languedoc ou Côtes de Provence, generosos de taninos doces, vão com carnes vermelhas e brancas grelhadas ou assadas, churrasco, aves de caça ou certas vísceras, como rim.

Tintos encorpados e tânicos

Os taninos dos tintos jovens e encorpados (Médoc, Madiran, Cahors, Côte-Rôtie, Bandol) atenuam-se no contato com carnes vermelhas ou rosadas suculentas e gordurosas (costela de boi, magret, perna de cordeiro) grelhadas, assadas ou com molhos leves.

Tintos calorosos e condimentados

Ricos em álcool e calorosos, os tintos do sul da França (Languedoc, Roussillon, Rhône) são feitos para as carnes cozidas devagar (guisados tipo daube, boeuf bourguignon, tripas), mamíferos de caça e carnes gordurosas assadas.

Enquanto vinhos vibrantes e frutados, brancos ou tintos, acompanham bem as charcutarias, as carnes pedem vinhos mais intensos: brancos encorpados e tintos macios com carnes brancas; tintos carnosos ou tânicos com carnes vermelhas assadas ou grelhadas; tintos calorosos e condimentados com guisados de carne ou carne de caça.

QUE VINHOS HARMONIZAM COM QUEIJOS?

Brancos vibrantes

Os brancos elegantes, vibrantes, perfumados (Quincy, Entre-Deux-Mers, Touraine, Côtes de Gascogne) ou mais discretos (Chablis, Savoie, Champagne) combinam bem com queijos de cabra ou de massa fresca (faisselle, brousse).

Brancos encorpados e frescos

Esses vinhos, sobretudo um pouco amadeirados (Chardonnay de Borgonha, Jura, Limoux, Chenin do Loire), combinam com queijos cozidos prensados (comté, beaufort) e não cozidos (tomme, cantal). Com queijos curados, prefira vinhos com 4 a 5 anos.

Brancos potentes e aromáticos

Indicados para queijos fortes. Pinot Gris e Gewürztraminer da Alsácia ou Muscats doces com queijos de massa mole de crosta lavada (époisses, munster, maroilles), vinho amarelo do Jura com um comté ou um beaufort bem maturado.

Tintos pouco tânicos

Ficam amargos e metálicos com muitos queijos. Opte por vinhos frescos e frutados (Pinot Noir, Gamay) com queijos de crosta embolorada (camembert e brie) ou carnosos e condimentados (Rhône, Languedoc) com queijos de massa prensada não cozida (cantal, saint-nectaire).

Tintos doces

Os vinhos doces naturais tintos têm potência para acompanhar queijos de caráter como os azuis: Porto com stilton (harmonização clássica na Inglaterra), Maury, Rivesaltes ou Banyuls (jovens ou envelhecidos) com roquefort, algum azul ou um fourme d'ambert.

Brancos secos e vibrantes com queijos de cabra; brancos encorpados com queijos de massa prensada; brancos doces com queijos fortes; brancos envelhecidos com queijos curados – vinhos brancos vão bem com os queijos. Quanto aos tintos, devem-se privilegiar os vinhos pouco tânicos e frutados com queijos jovens, e certos doces com queijos de caráter forte.

QUE VINHOS HARMONIZAM COM SOBREMESAS?

Brancos espumantes

O Champagne e os *crémants* secos, demi-sec e doces, o Prosecco dry, o Clairette de Die ou o Blanquette de Limoux possuem doçura discreta e um frescor que acompanham agradavelmente as sobremesas feitas de frutas (salada de frutas, mousses).

Brancos *moelleux* frescos e frutados

Côtes de Gascogne, Loire (Coteaux du Layon, Vouvray), Sud-Ouest (Jurançon, Rosette), Rieslings da Alsácia ou da Alemanha são *moelleux* frescos e frutados (cítricos, frutas amarelas e tropicais) que harmonizam com tortas de frutas (brancas e amarelas) e crumbles.

Brancos licorosos ricos e potentes

Opulentos e aromáticos, os Sauternes, Monbazillac, *vendanges tardives* (colheitas tardias) da Alsácia ou Muscats doces de Languedoc--Roussillon têm a riqueza alcoólica exigida por sobremesas cremosas (crème brûlée, pudim de leite) ou tortas mais doces (tarte Tatin).

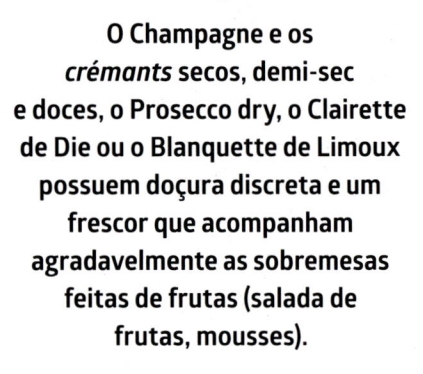

Vinhos tintos doces naturais

Jovens e frutados, o Porto, o Rivesaltes, o Banyuls e o Maury vão com sobremesas de frutas negras e vermelhas ou de chocolate meio amargo. Quando mais evoluídos (Porto Tawny, Banyuls Grand Cru, Rivesaltes Tuilé), de chocolate ao leite, caramelo ou café.

O açúcar das sobremesas não combina com vinhos secos, que perdem sua fruta e parecem magros. A harmonização com vinhos doces, portanto, é obrigatória: brancos espumantes com sobremesas de frutas frescas, *moelleux* frescos e frutados para tortas de frutas brancas e amarelas, licorosos muito alcoólicos com cremes e tortas caramelizadas, vinhos tintos fortificados com receitas à base de chocolate, café ou praliné.

O QUE COMER COM VINHOS TINTOS LEVES?

Quais vinhos?

Não amadeirados, dotados de taninos discretos e aromas de frutas frescas: vinhos de Gamay (Beaujolais, Loire), vinhos feitos de Cabernet Franc (Loire) ou Pinot Noir (Borgonha, Loire, Savoie) ou vinhos mais carnosos, como os de Bordeaux, Côtes-de-Rhône ou Languedoc.

Charcutarias

Os vinhos tintos frescos e leves contrastam agradavelmente com a untuosidade das charcutarias secas e cozidas (presunto, salame, rillettes, andouillettes). Os tintos mais carnosos combinam com patês, terrines e morcela.

Carnes

Tintos leves casam bem com carne vermelha e branca grelhada, salsichas, aves assadas, carne crua (tartar, carpaccio), hambúrgueres ou legumes recheados. Mais encorpados, acompanham carnes em molhos leves (de tomate, por exemplo).

Peixes

Vinhos tintos raramente ficam agradáveis com peixes, com exceção dos peixes de carne rosada, sem molho, na brasa ou grelhados, como os filés de atum ou salmão, que devem ser harmonizados com tintos frescos e pouco tânicos.

Queijos

Os tintos suaves e frutados combinam prioritariamente com queijos pouco maturados e firmes, como os jovens de massa prensada não cozida (tomme, cantal, saint-nectaire, salers, morbier) ou cozida (comté, beaufort, emmental, gruyère, parmesão).

Massas e tortas

Tintos macios e frutados casam perfeitamente com massas ao molho (carne, tomate, aromáticas), pizzas à base de carne ou de charcutarias (linguiças, salames), bem como tortas e quiches de tomate.

Os vinhos leves – ou seja, pouco tânicos, suaves, não amadeirados, frutados – ou um pouco mais carnosos são propícios a acompanhar comidas simples e com sabores não muito fortes, como charcutarias secas ou cozidas, carnes grelhadas, alguns peixes de carne rosada ou queijos pouco maturados de massa firme.

O QUE COMER COM VINHOS TINTOS ENCORPADOS?

Quais vinhos?

Vinhos encorpados distinguem-se por seus aromas intensos, às vezes amadeirados, e corpo potente. Podem ser austeros e tânicos (Grands Crus de Bordeaux, Cahors, Madiran, Hermitage, Cornas) ou suaves e calorosos (Crus do Vale do Rhône Meridional, Languedoc, Roussillon).

Carnes vermelhas assadas ou grelhadas

Esses vinhos acompanham carnes gordurosas, grelhadas ou assadas: carnes vermelhas (entrecôte, filé e rosbife, magret de pato, cordeiro), carnes brancas (porco ou vitelo assado, capão, galinha-d'angola) e carne de caça (javali, cabrito, veado).

Carnes na brasa com molho

Sua potência autoriza harmonizações com carnes cozidas lentamente (coq au vin, frango à moda basca, guisados de lebre, navarin, tajine, boeuf bourguignon) e molhos como chasseur, ao vinho, de mostarda, grand veneur, de cogumelos...

Queijos

Embora se deva evitar vinhos tânicos demais, os tintos mais calorosos e suaves, dotados de taninos suaves, podem ser associados aos queijos de massa prensada não cozida: cantal, saint-nectaire, tomme, morbier, reblochon...

Cogumelos

Depois de dez anos, os tintos potentes oferecem taninos suavizados e aromas muitas vezes marcados por notas de sub-bosque ou musgo que podem dialogar com preparações à base de cogumelos (refogados de porcini, molho de morilles, trufas).

Tânicos ou mais suaves, os vinhos tintos intensos e encorpados acompanham principalmente carnes vermelhas e brancas e aves e carnes de caça grelhadas, assadas, cozidas ou com molhos. Quando maduros, combinam bem com cogumelos. Os tintos calorosos de taninos suaves harmonizam com queijos de massa firme.

O QUE COMER COM VINHOS BRANCOS LEVES?

Quais vinhos?

Vindos de climas frios ou temperados, destacam-se pela vivacidade, leveza e aromas tônicos, frutados, florais ou vegetais, intensos (Sauvignon, Riesling, Colombard) ou mais discretos (Melon de Bourgogne, Chardonnay, Pinot Gris, Picpoul), a depender da cepa.

Peixes

Vinhos brancos leves combinam tanto com preparações cruas (ceviche, carpaccio, sushi) quanto com peixes fritos, grelhados (sardinha, salmão), defumados (enguia, halibute) ou cozidos (chucrute do mar, rillettes).

Mariscos e crustáceos

Para mariscos (mexilhões, ostras, ouriço-do-mar, vôngole) e crustáceos (camarão, caranguejo), servidos crus ou cozidos (paella, espaguete com frutos do mar), os mais indicados são os vinhos brancos vibrantes, leves, de aromas frutados (cítricos) e, às vezes, iodados.

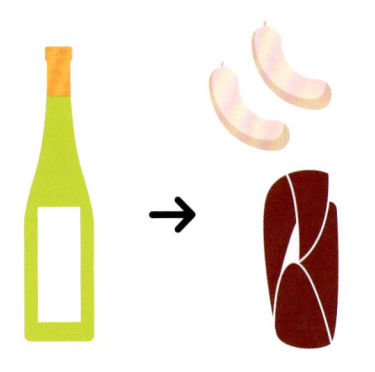

Charcutarias

A acidez dos vinhos brancos leves atenua a untuosidade das charcutarias frias, secas (salame, presunto) ou cozidas (rillettes, andouilles frias). Riesling, Colombard ou Sauvignon harmonizam bem com as charcutarias, com seus aromas intensos.

Legumes

Vinhos brancos leves acompanham perfeitamente saladas mistas (com tomate, azeitona, milho, atum, queijo feta) e não muito avinagradas, assim como pratos à base de legumes cozidos (tian, babaganoush, guacamole, tapenade).

Queijos

Também combinam muito bem com queijos nem fortes demais, nem cremosos demais, como os queijos de cabra secos, os de massa prensada cozida pouco maturados (comté, beaufort e emmental, por exemplo) ou os de massa fresca (como faisselle e brousse).

Os brancos vibrantes e leves harmonizam bem
com pratos pouco gordurosos e de consistência leve.
Combinam com sabores iodados (mariscos, crustáceos,
peixes grelhados, crus ou defumados), queijos não cremosos
e preparações à base de legumes. Podem também
acompanhar charcutarias.

O QUE COMER COM VINHOS BRANCOS SECOS ENCORPADOS?

Quais vinhos?

Feitos de uvas bem maduras, são carnosos, intensos, frescos (Borgonha, Loire, Bordeaux, Sud-Ouest) ou mais calorosos (Rhône, Languedoc, Roussillon, Provence), dependendo do clima. Às vezes maturados em barricas, dão sensação de untuosidade, riqueza alcoólica e potência na boca.

Carnes

Esses brancos harmonizam com carnes brancas (aves, coelho, vitelo) em molho (creme, estragão, mostarda, cogumelos), certos miúdos (molejas) ou charcutarias (salsichas, andouilles). Os mais alcoólicos e ligeiramente amadeirados vão com terrines de foie gras.

Peixes

Os brancos potentes, mas frescos (Borgonha, Savennières, Riesling, Pessac-Léognan), harmonizam com peixes delicados salteados ou com molhos leves. Mais calorosos (Cassis, Hermitage, Châteauneuf) acompanham peixes gordurosos ou cozidos (bouillabaisse, curry, risoto).

Mariscos e crustáceos

Vieiras ao molho ou ao creme, mexilhões grelhados, ostras cozidas: é a vez dos brancos untuosos e redondos do sul da França. Para acompanhar camarões, caranguejo ou lagostas, pense nos brancos carnosos, frescos e ligeiramente amadeirados (Borgonha).

Queijos

Esses brancos intensos e corpulentos harmonizam com queijos fortes, até mesmo maturados, como os de casca lavada (maroilles, époisses, livarot), de massa prensada não cozida (cantal, tomme) ou cozida (comté, beaufort), bem como suflês de queijo.

Cogumelos, vegetais e especiarias

Os pratos à base de cogumelos (trufas, morilles, shimeji branco), com creme, aspargos quentes e receitas à base de alho e especiarias (gengibre, curry, anis, açafrão, estragão) exigem brancos intensos.

Os vinhos brancos secos intensos, frescos ou mais calorosos, amadeirados ou não, impressionam por sua potência, untuosidade e corpulência. Eles harmonizam muito bem com comidas de mesma intensidade: carnes brancas com molhos cremosos, peixes delicados ou mais gordos, frutos do mar finos, queijos fortes, cogumelos, certas especiarias e ervas aromáticas.

O QUE COMER COM VINHOS GASEIFICADOS LEVES?

Quais vinhos?

Prosecco, *crémant*, cava, Champagne, Clairette de Die, Blanquette de Limoux, Moscato d'Asti, Lambrusco... Com ou sem açúcar, brancos ou rosés, esses vinhos têm em comum qualidades de leveza e frescor estimuladas pelas bolhas. Os Champagnes são os mais intensos.

Carnes

Os espumantes potentes (safrados, *cuvées* especiais) oferecem uma bela harmonização com carnes brancas, assadas ou com molho cremoso.
Os espumantes e *crémants* rosés potentes e os *blancs de noirs* combinam com carnes rosadas como a de cordeiro.

Peixes

Vinhos vibrantes e frutados (*blancs de blancs*) acompanham peixes delicados (linguado, robalo, truta) grelhados ou assados, bem como salmão defumado. Um pouco mais alcoólicos ou envelhecidos, eles vão com os mesmos peixes em molho leve. Os mais vibrantes vão com peixe cru.

Frutos do mar

Os espumantes vibrantes (pouco dosados, *blancs de blancs*) ou seus equivalentes em *crémants* emprestam seu frescor e aromas de frutas frescas a ostras e ouriços crus, conchas e vieiras salteadas.

Queijos

Os espumantes combinam com queijos de cabra secos, de massa firme (comté), em suflês, quiches e tortas de queijo. Espumantes um pouco envelhecidos podem acompanhar queijos maturados pouco cremosos (tomme, cantal, por exemplo).

Sobremesas

Os espumantes doces e frutados (Clairette de Die, Blanquette de Limoux, Moscato d'Asti, Champagnes e *crémants* doces, Prosecco dry) acompanham sobremesas de frutas frescas (mousses, saladas, tortas). As versões rosés vão com sobremesas de frutas vermelhas.

Muitas vezes reservados para aperitivos, os vinhos gaseificados também podem ser excelentes parceiros de mesa quando possuem a intensidade necessária, como os espumantes. Nesse caso, são excepcionais quando combinados com carnes brancas e rosadas, peixes, frutos do mar e queijos. Para as sobremesas, a melhor escolha é um espumante ligeiramente doce.

O QUE COMER COM VINHOS DOCES?

Quais vinhos?

Normalmente brancos, eles se dividem em diferentes estilos: brancos *moelleux* frescos e frutados (Côtes de Gascogne, Vouvray, Coteaux du Layon), brancos licorosos opulentos (Sauternes, Monbazillac, de colheitas tardias da Alsácia), tintos fortificados potentes e calorosos (Porto, Banyuls).

Foie gras

O terrine de foie gras, *mi-cuit* (meio cozido) ou salteado, combina com brancos doces intensos e frutados. Pode-se preferir os que têm forte acidez (Jurançon, Riesling, Coteaux du Layon, Vouvray) aos tradicionais Sauternes ou Gewürztraminer licorosos, que fazem harmonizações ricas.

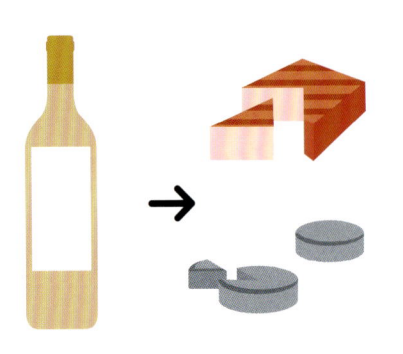

Queijos

Os tintos doces (Banyuls, Maury, Rivesaltes, Porto) casam bem com queijos fortes de casca lavada (époisses, maroilles) e queijos azuis (roquefort, azuis, stilton). Certos moscatéis ou brancos *moelleux* mais vibrantes acompanham queijos de cabra e de ovelha secos e curados.

Doce-salgado

Carnes ou peixes laqueados e carnes brancas com frutas, caramelizadas ou ao mel: esses são pratos que combinam com vinhos brancos doces frescos e intensamente frutados (Vouvray, Montlouis, Jurançon, Riesling doce da Alsácia ou da Alemanha, Tokaji).

Sobremesas de frutas

Tortas, mousses, doces leves (charlottes, clafoutis) e crumbles. Sobremesas que dão destaque às frutas pedem vinhos doces frutados e tônicos (Jurançon, Gaillac, Riesling, Loire). As tortas caramelizadas ou Tatin requerem vinhos mais potentes (Sauternes, Monbazillac, Moscatel).

Chocolate, café, praliné

Receitas ricas em açúcar ou gordura (bûches, tortas, cremes, mousses) vão com tintos fortificados: chocolate meio amargo com jovens e frutados (Porto Ruby, Banyuls Rimage); bolo moka, café e praliné com doces envelhecidos (Porto Tawny, Rivesaltes e Banyuls Tuilés).

Os vinhos doces, que abrem (aperitivos, foie gras) ou encerram (sobremesas) as refeições, encontram seu lugar junto a pratos salgados com elementos doces, comidas condimentadas e certos queijos fortes. Para as sobremesas, siga a harmonia das cores: vinhos brancos com sobremesas amarelas ou brancas, vinhos tintos para tons marrons ou vermelhos.

O QUE COMER COM VINHOS ROSÉS?

Quais vinhos?

Há rosés pálidos – suaves (Provence, Languedoc, Rhône) ou mais vibrantes (Loire, Sud-Ouest, Beaujolais), com aromas de frutas tropicais, cítricos ou de bala – e os rosés escuros, muitas vezes mais alcoólicos (Bandol, Tavel, Bordeaux Clairet) e com aromas intensos de frutas vermelhas.

Peixes

Os rosés vibrantes emprestam seu frescor a peixes grelhados, frituras, sushis, rillettes e terrines. Mais encorpados (Bandol, Tavel), eles harmonizam com peixes cozidos (bourride, bouillabaisse, atum à moda catalã), cozidos em papillote ou carpaccios (atum ou salmão).

Mariscos e crustáceos

Búzios, vôngole, mexilhões, caranguejo e camarões harmonizam com rosés pálidos e vibrantes. Preparações mais intensas (paella de frutos do mar, risotos, lula à provençal) exigem rosés mais encorpados (Roussillon, Rhône).

Legumes

Os rosés mais frescos casam bem tanto com preparações de verão (saladas mistas, gaspacho, tapenade, babaganoush, terrine de legumes, tian, tabule, ratatouille, folha de uva) quanto com tortas e massas salgadas à base de legumes (pizza, torta de tomate, quiches).

Carnes

A vivacidade dos rosés do Loire, do Sud-Ouest ou de Bordeaux atenua a untuosidade das charcutarias (salame, terrines). Com os rosés mais alcoólicos (Tavel, Bordeaux Clairet), entram carnes grelhadas (carnes brancas, cordeiro, salsichas) e pratos condimentados (cuscuz marroquino, tajine).

Os rosés leves e pálidos harmonizam com pratos de verão: peixes grelhados, mariscos e crustáceos, charcutarias secas, tortas salgadas, saladas e preparações com legumes.
Os rosés mais carnosos e escuros podem acompanhar peixes com sabor mais acentuado, cozidos ou condimentados, e carne branca ou rosada grelhada.

COMO É A REGIÃO VINÍCOLA DA ALSÁCIA?

Protegido pelos Vosges

De tamanho modesto (15 mil hectares), o vinhedo alsaciano situa-se no Baixo e no Alto Reno. Apesar do clima continental, o vinhedo é protegido a oeste pelo maciço dos Vosges e goza de longos verões quentes e secos, que favorecem o amadurecimento das uvas.

Encostas

Estreito e com 170 km de norte a sul, o vinhedo transborda sobre a planície do Reno, mas as melhores parcelas ficam situadas nas encostas e nas colinas do sopé dos Vosges. Com sua exposição ao sol, drenagem e solos pobres, essas encostas produzem naturalmente uvas concentradas.

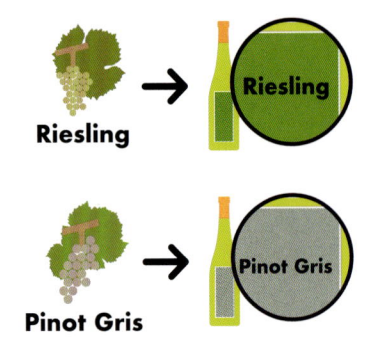

Vinhos varietais

Reconhecíveis pela garrafa *flûte*, a maior parte dos vinhos da Alsácia são produzidos de uma única cepa, destacada no rótulo. Com exceção da Pinot Noir, todas as castas alsacianas são brancas. As mais cultivadas são Riesling, Pinot Blanc, Gewürztraminer e Pinot Gris.

Pirâmide das denominações

Na base estão as AOP regionais da Alsácia, às vezes complementadas por uma denominação geográfica (como Côtes de Barr e Ottrott), seguidas pelas AOP Crémant d'Alsace para os espumantes e, no topo, as AOP Alsace Grand Cru para os vinhos mais potentes e prestigiosos.

51 Grands Crus

Rangen, Brand e Schlossberg são 3 dos 51 Grands Crus alsacianos, vinhos nascidos de um vinhedo delimitado, na encosta, conhecido por produzir vinhos de maior qualidade. Um Grand Cru deve vir de uma cepa "nobre" (Riesling, Gewürztraminer, Pinot Gris, Muscat), especificada no rótulo.

Tipos de vinhos

Noventa por cento dos vinhos produzidos na Alsácia são brancos, desde os muito secos até os licorosos, espumantes ou tranquilos, que reproduzem o caráter às vezes determinado de suas diferentes cepas. Os raros vinhos tintos ou rosés são de um estilo mais leve.

Situada no nordeste da França, protegida pelo maciço dos Vosges, 90% da região vinícola alsaciana é dedicada aos vinhos brancos secos ou doces produzidos de cepas da região, cujo local de origem pode aparecer nas garrafas, as *flûtes*. Os melhores vinhos provêm dos vinhedos de encosta, mais qualitativos, e alguns (51 deles) recebem a denominação Grand Cru.

COMO SÃO OS VINHOS DA ALSÁCIA?

Riesling

É a casta branca mais cultivada. Dá vinhos secos marcados por forte acidez. Seu estilo varia do leve com aromas de frutas verdes, para ser consumido jovem, ao potente e de guarda, com perfumes mais complexos de flores brancas, pêssego, mineralidade ou de petróleo.

Gewürztraminer

Casta branca de casca dourada, seus vinhos são coloridos, carnosos, pouco ácidos, reconhecíveis por seus aromas intensos de frutas tropicais (lichia), flores (rosa) e especiarias doces. Muitas vezes *moelleux*, eles proporcionam uma sensação de riqueza e maciez.

Pinot Gris

Gera vinhos brancos encorpados, levemente ácidos, muitos com um toque açucarado, que reforça a impressão de maciez. Seus aromas, mais discretos que os da Gewürztraminer, evocam frutas maduras (compota de frutas, frutas tropicais), mel e especiarias, com um toque defumado.

Sylvaner

Com menos prestígio que as anteriores, a Sylvaner costuma produzir brancos de entrada. São vinhos vibrantes, leves, secos, de aromas tônicos de cítricos, flores brancas ou relva. Em geral, são bebidos jovens.

Pinot Noir

Produz os únicos vinhos tintos da Alsácia. Embora a maior parte deles sejam pálidos, pouco tânicos, frescos e frutados, certos produtores extraem dessa uva vinhos mais intensos e mais coloridos, de aromas frutados (cereja), florais e às vezes amadeirados. Também pode produzir vinhos rosés leves.

Vendanges tardives e *sélections de grains nobles*

Provenientes de uvas muito maduras (*vendanges tardives*) ou botritizadas (bagas nobres, ricas em açúcar), esses brancos licorosos produzidos de castas obrigatoriamente nobres são untuosos e perfumados (frutas secas e cristalizadas).

A ALSÁCIA

- A ALSÁCIA
- ROTA DOS VINHOS
- ALSÁCIA

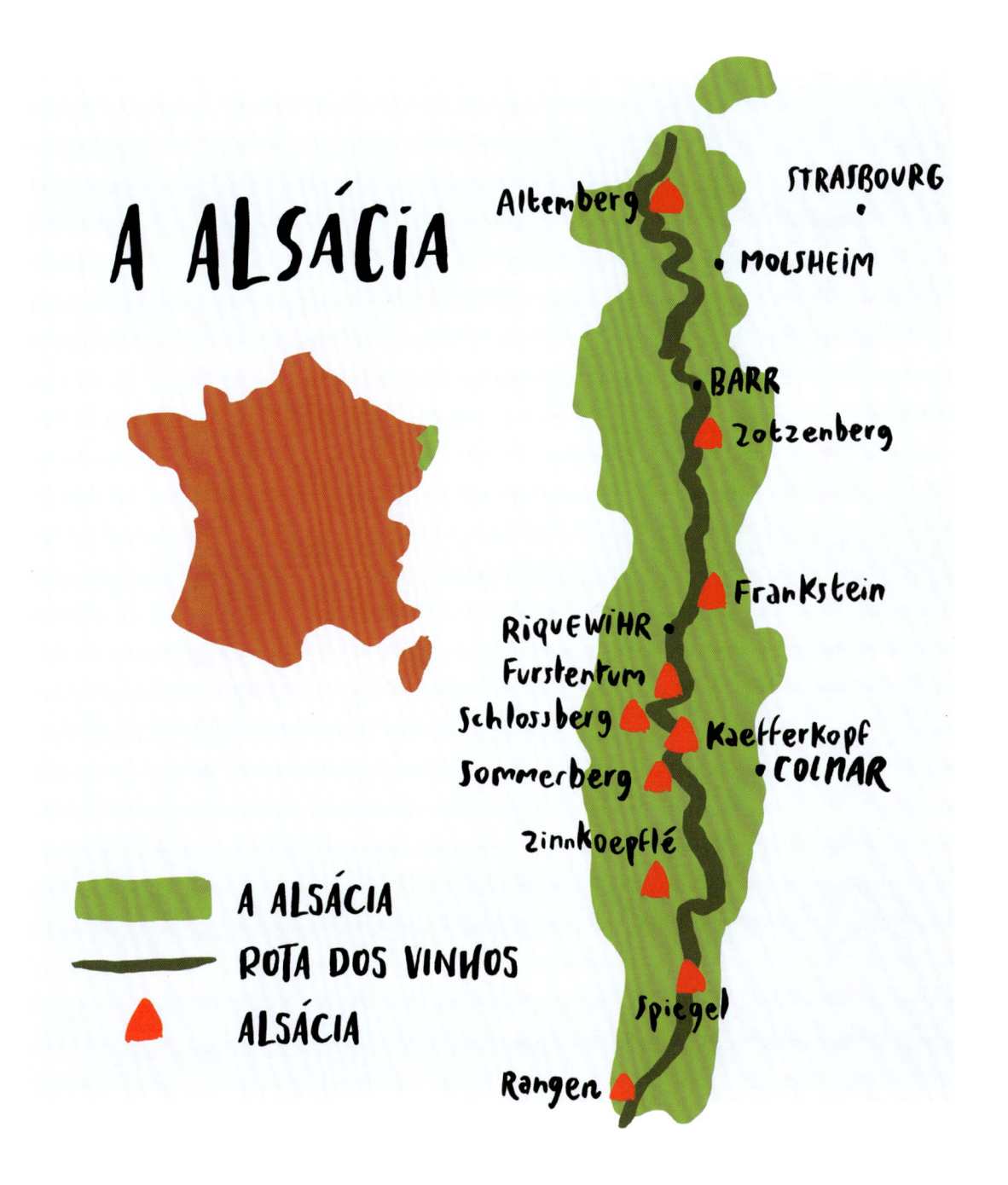

STRASBOURG
MOLSHEIM
Altemberg
BARR
Zotzenberg
Frankstein
RIQUEWIHR
Furstentum
Schlossberg
Kaefferkopf
Sommerberg
COLMAR
Zinnkoepflé
Spiegel
Rangen

Os vinhos da Alsácia reproduzem o caráter da casta cujo nome aparece nos rótulos: brancos vibrantes e frutados para a Riesling e a Sylvaner; brancos potentes e carnosos para a Gewürztraminer e a Pinot Gris; tintos leves ou mais intensos para a Pinot Noir. Os vinhos mais doces trazem as menções *vendanges tardives* (colheitas tardias) ou *sélections de grains nobles* (seleção de grãos nobres).

COMO É A REGIÃO VINÍCOLA DO BEAUJOLAIS?

Clima continental moderado

O vinhedo estende-se por 15 mil hectares nos departamentos de Rhône e Saône-et-Loire, ao norte de Lyon. Entre vales e colinas, as vinhas gozam de um clima continental moderado – nem quente, nem frio demais –, que permite a produção de vinhos frescos e frutados.

Beaujolais Nouveau

Nascido em 1951, o Beaujolais Nouveau é chamado de vinho *primeur*, e é colocado rapidamente no mercado, na terceira quinta-feira de novembro após a colheita. Esse vinho popular, produzido de uma breve maceração (4 dias), é um tinto muito leve e frutado, vibrante e pouco ou nada tânico.

Terra da Gamay

Os vinhos tintos e rosés provêm de uma só casta, a Gamay, que ocupa 98% da região. Sua casca fina origina vinhos com pouca coloração, pouco tânicos, mas vibrantes e com nítidos aromas de frutas vermelhas frescas. A Chardonnay, da vizinha Borgonha, é a base dos únicos vinhos brancos da região.

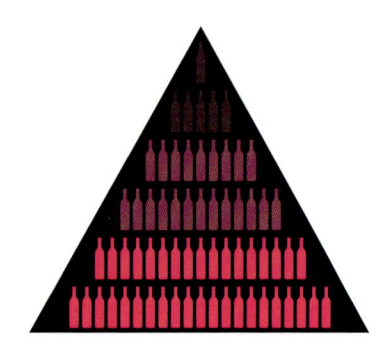

Pirâmide das denominações

Na base, a AOP Beaujolais, a mais ampla, que dá tintos leves e frutados, bem como brancos e rosés. Os Beaujolais-Villages (também os 3 tipos) são um pouco mais encorpados. No topo estão os 10 Crus, vinhos mais intensos e exclusivamente tintos.

10 Crus

Os melhores vinhedos estão situados ao norte, nas encostas graníticas expostas ao sul dos montes de Beaujolais. É o reduto de dez pequenas AOP, os Crus, que levam os nomes de Brouilly, Côte de Brouilly, Chénas, Chiroubles, Juliénas, Fleurie, Moulin-à-Vent, Morgon, Régnié e Saint-Amour.

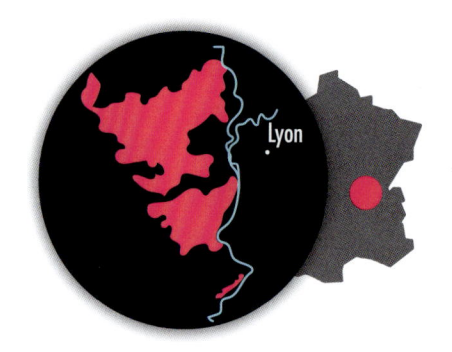

Coteaux du Lyonnais

Ligação entre os vinhedos do Beaujolais e do Vale do Rhône, essa pequena denominação, ao noroeste e sudoeste de Lyon, assemelha-se ao Beaujolais, com seus tintos e rosés leves feitos da Gamay, e seus raros brancos de Chardonnay e Aligoté.

Situada ao norte de Lyon, a região vinícola do Beaujolais ficou conhecida por seu popular Beaujolais Nouveau, um vinho tinto *primeur*, vibrante e frutado, feito da Gamay. Essa casta pouco tânica também dá vinhos mais intensos, como os Beaujolais-Villages e, sobretudo, os 10 Crus, cujas vinhas se estendem sobre as encostas do norte da região. Os raros vinhos brancos provêm da Chardonnay.

COMO SÃO OS VINHOS DO BEAUJOLAIS?

Beaujolais Nouveau

Colorido, vibrante, leve, de taninos imperceptíveis, esse tinto vendido logo após as fermentações exala frutas vermelhas aciduladas e alcaçuz, às vezes acompanhadas de notas florais ou vegetais. Deve ser bebido bem jovem.

Beaujolais-Villages tintos

Vindos dos melhores vinhedos, os Beaujolais-Villages tintos são mais ricos que os simples Beaujolais; são leves, pouco tânicos e frescos. Têm aromas de frutas vermelhas, violeta, notas vegetais ou de especiarias. Devem ser bebidos jovens.

Crus de Beaujolais

Alguns, como Brouilly, Saint-Amour e Fleurie, são próximos dos Beaujolais-Villages, macios e frutados, porém mais delicados; outros são mais tânicos e com notas complexas (violeta, cassis, frutas vermelhas maduras, especiarias), de boa guarda, como as Chénas, Juliénas, Moulin-à-Vent ou Morgon.

Tintos maduros

Embora a imagem do Beaujolais seja de vinhos frutados para serem bebidos jovens, os melhores envelhecem por mais de uma década. Frescos, elegantes, de taninos fundidos, seus aromas evocam couro, especiarias doces ou carne de caça. Dizem que "pinoteiam", pois lembram a Pinot Noir da Borgonha.

Rosés

Alguns raros vinhos rosés feitos da Gamay são produzidos em AOP Beaujolais ou Beaujolais-Villages. Normalmente de cor pálida, vibrantes, leves, eles oferecem aromas elegantes de frutas frescas (groselha, cítricos) e flores.

Brancos

São chamados localmente de "pérolas brancas". Produzidos a partir da Chardonnay, muitas vezes maturados em tanques, são redondos e aromáticos (frutas brancas, frutas de caroço, flores brancas). Alguns, maturados em barrica, têm mais corpo e aromas de baunilha (creme ou pão tostado).

BEAUJOLAIS

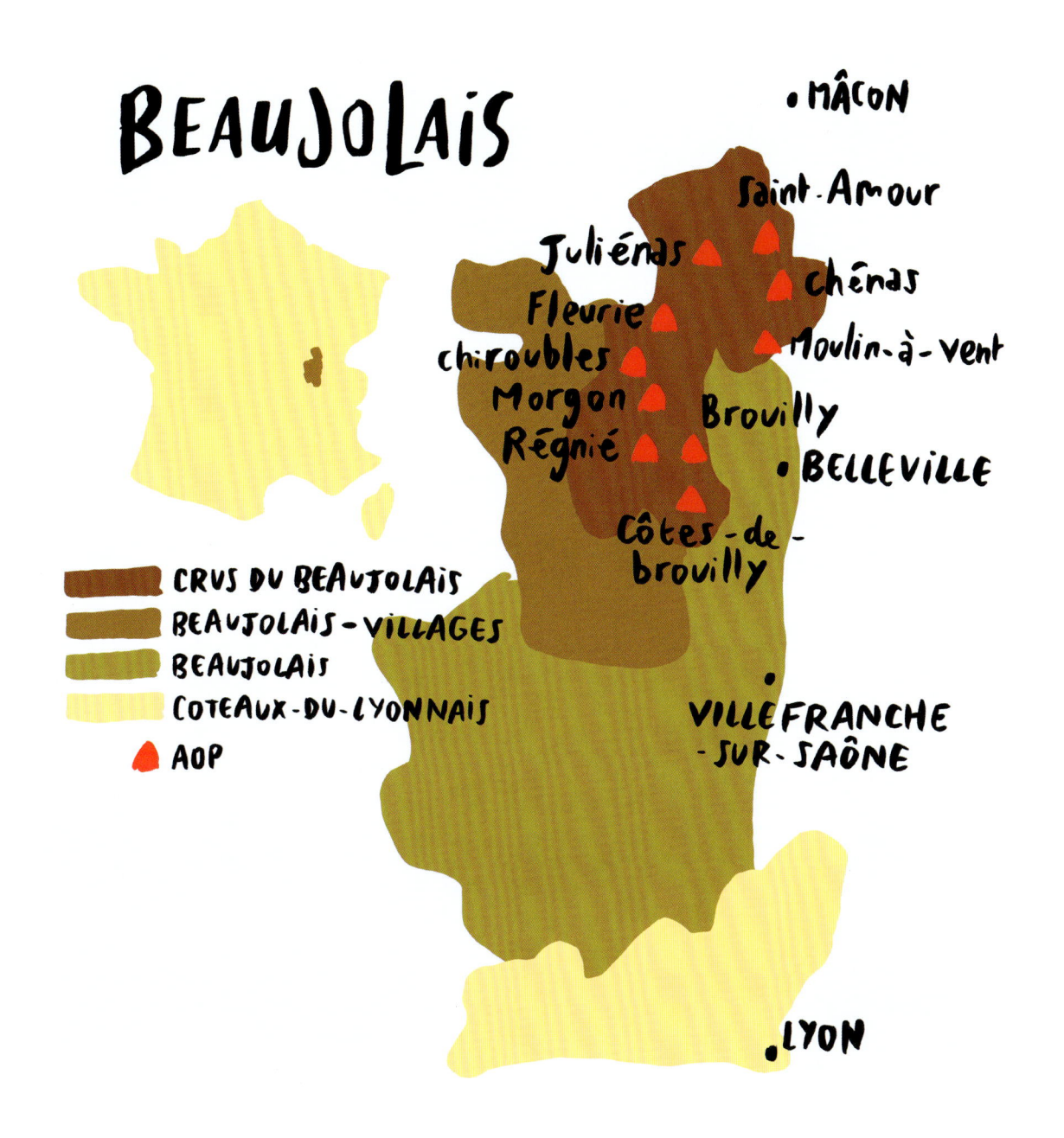

- MÂCON
- Saint-Amour
- Juliénas
- Chénas
- Fleurie
- Moulin-à-vent
- Chiroubles
- Morgon
- Brouilly
- Régnié
- BELLEVILLE
- Côtes-de-brouilly
- VILLEFRANCHE-SUR-SAÔNE
- LYON

Legenda:
- CRUS DU BEAUJOLAIS
- BEAUJOLAIS-VILLAGES
- BEAUJOLAIS
- COTEAUX-DU-LYONNAIS
- AOP

Vibrantes, frutados, com aromas de frutas vermelhas no Beaujolais Nouveau, Beaujolais e Beaujolais-Villages, os vinhos oferecem mais corpo, variedade de aromas, taninos e intensidade nos 10 Crus. Estes, às vezes maturados em barrica, após o envelhecimento, podem evocar os tintos envelhecidos da Borgonha. Existem também brancos macios e frutados, além de rosés vibrantes e gaseificados.

COMO É A REGIÃO VINÍCOLA DE BORDEAUX?

A maior região vinícola da França

Maior região vinícola com AOP da França, cobre 110 mil hectares de vinhas só no departamento de Giron. Próxima do Atlântico, tem clima oceânico temperado, mas irregular, o que explica as grandes diferenças entre as safras.

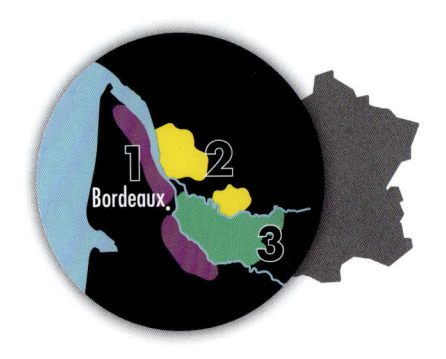

Margem direita, margem esquerda

Divide-se em três sub-regiões: margem esquerda (Médoc, Graves e Sauternais), ao sul de Garonne e estuário de Giron, margem direita (Libournais, Blayais e Bourgeais), ao norte de Garonne, e Entre-Deux-Mers, entre Garonne e Dordogne.

Vinhos de corte

A maior parte dos vinhos reúnem cepas diversas. Entre as tintas, a Merlot é a mais cultivada, seguida pela Cabernet Sauvignon e Cabernet Franc. Os brancos nascem da Sauvignon, viva e aromática, ou da Sémillon, mais redonda e gorda. Também existem rosés e *crémants*.

Pirâmide das denominações

Na base, as AOP regionais (Bordeaux, Bordeaux Supérieur, Crémant) e seus vinhos acessíveis, para serem bebidos jovens. Depois, as AOP sub-regionais (Médoc, Haut-Médoc, Graves). No topo, as prestigiosas AOP comunais (Margaux, Pauillac, Pomerol).

Châteaux

Um *château* designa uma área vitícola, tenha ela ou não um castelo de verdade. A maior parte das propriedades são fazendas ou casarões. Os poucos *châteaux* prestigiosos há três séculos contribuem para a reputação mundial de Bordeaux e seus vinhos.

Crus Classés

Certos *châteaux* trazem no rótulo a menção Cru Classé, obtida em classificações dos melhores *domaines* (e não de *terroirs*): como os Crus Classés de Saint-Émilion, Médoc, Graves e Sauternais, que produzem vinhos de guarda, renomados e caros.

A maior região vinícola de AOP da França divide-se em três sub-regiões (margem direita, margem esquerda e Entre-Deux-Mers). Produz principalmente tintos, oriundos muitas vezes de diversas cepas (Merlot, Cabernet Sauvignon), brancos secos e licorosos de renome, rosés e *crémants*. Os *châteaux* mais prestigiosos trazem a menção Cru Classé e produzem vinhos caros e de longa guarda.

COMO SÃO OS VINHOS DE BORDEAUX?

Vinhos tintos de Médoc e Graves

Duas regiões conhecidas por seus vinhos de longa guarda maturados em barrica, com predominância do Cabernet Sauvignon. Frescos, tânicos, expressivos, os mais prestigiosos são os Pauillac, Saint--Estèphe, Saint-Julien, Margaux (Médoc) e Pessac-Léognan (Graves).

Vinhos tintos de Libournais

Dominados pelo Merlot, muitas vezes amadeirados, potentes, eles são menos tânicos, mais carnosos, redondos e macios, e podem ser apreciados mais jovens do que os do Médoc. Os mais renomados (Saint--Émilion, Grand Cru, Pomerol) podem envelhecer por décadas.

Tintos maduros

Os vinhos de Bordeaux são famosos graças à capacidade de seus melhores vinhos tintos envelhecerem. Com o tempo, sua aparência ganha nuances granada, os taninos se suavizam, a textura se torna sedosa e seus aromas evocam sub-bosque, tabaco, frutas cristalizadas ou cedro.

Brancos secos

A maioria deles são vibrantes, leves, frutados (cítricos) e feitos para serem bebidos jovens (AOP Bordeaux sec, Entre-Deux-Mers), mas alguns brancos mais potentes e de guarda nascem no AOP Pessac-Léognan: perfumados (cítricos, baunilha), frescos, têm mais corpo e muitas vezes são maturados em barricas.

Brancos doces

Sauternes (região de Graves) produz grandes licorosos a partir de uvas botritizadas: dourados, voluptuosos, elegantes, carnudos, muito aromáticos (frutas secas e cristalizadas, mel, especiarias doces); podem envelhecer por décadas. Os mais leves vêm de outras AOP (Cérons, Loupiac).

Bordeaux e Bordeaux Supérieurs

Menos renomados, mas um possível bom negócio, sobretudo os tintos com dominância de Merlot, de consumo rápido e taninos tenros. Também são dignos de menção os brancos frescos, *crémants*, rosés pálidos e leves ou mais coloridos e potentes (Bordeaux Clairet).

BOURDEAUX

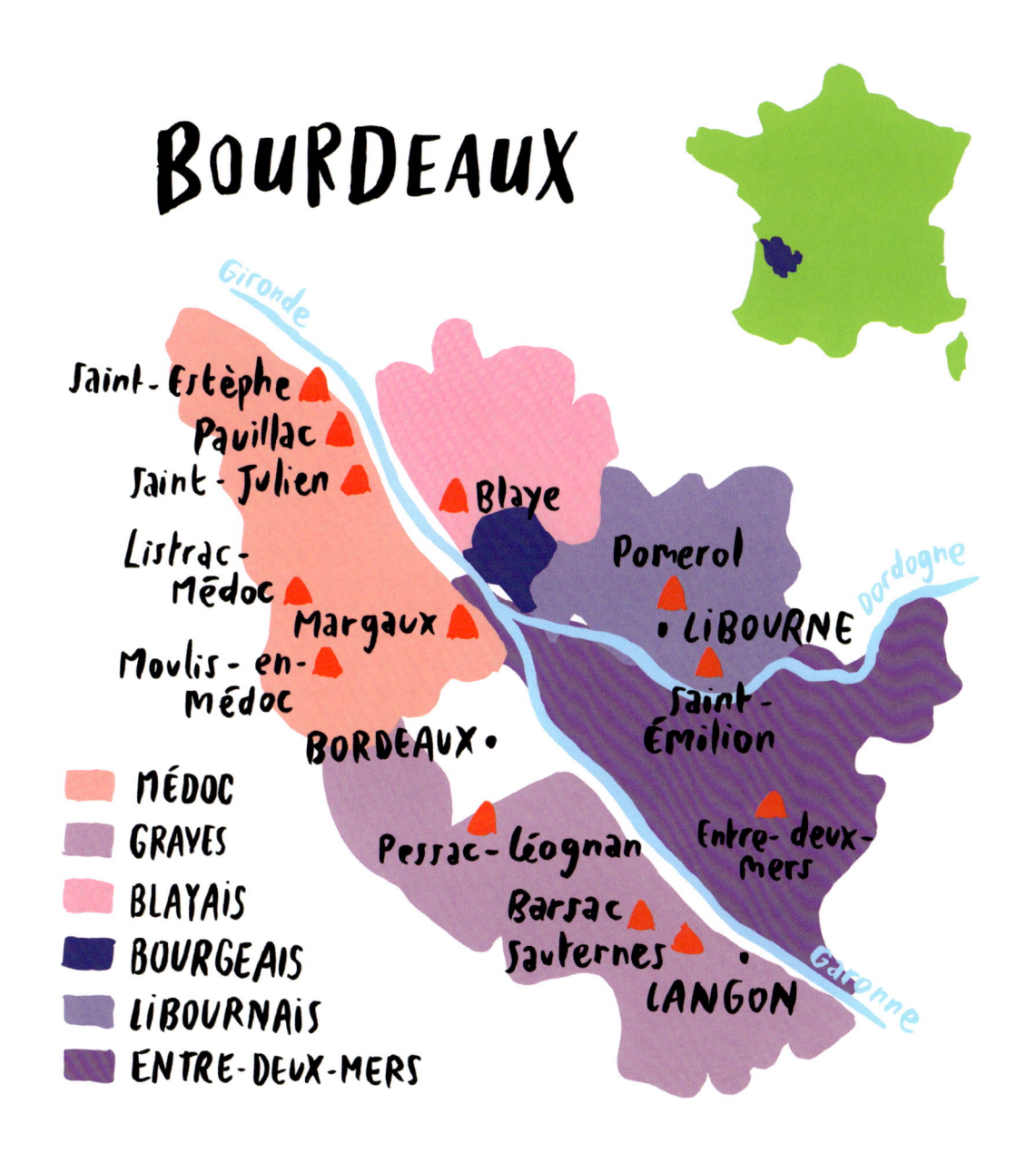

- MÉDOC
- GRAVES
- BLAYAIS
- BOURGEAIS
- LIBOURNAIS
- ENTRE-DEUX-MERS

Saint-Estèphe, Pauillac, Saint-Julien, Listrac-Médoc, Margaux, Moulis-en-Médoc, Blaye, Pomerol, LIBOURNE, Saint-Émilion, Entre-deux-mers, BORDEAUX, Pessac-Léognan, Barsac, Sauternes, LANGON

Gironde, Dordogne, Garonne

Lado a lado, convivem vinhos tintos macios, frutados, de consumo rápido (AOP Bordeaux e Bordeaux Supérieur) e potentes, nobres, com potencial de envelhecimento: coloridos, tânicos, perfumados em Graves e Médoc, e carnosos em Saint-Émilion e Pomerol. A região produz também brancos secos frutados ou amadeirados, licorosos voluptuosos, rosés e *crémants*.

COMO É A REGIÃO VINÍCOLA DA BORGONHA?

Região vinícola modesta, mas prestigiosa

Região fracionada, feita de propriedades de pequeno porte (30 mil hectares), mas com muito destaque. Divide-se em quatro: Chablisien, Côte d'Or (que reagrupa a Côte de Nuits e a Côte de Beaune), Côte Chalonnaise e Mâconnais.

Trabalho dos monges

Esse vinhedo histórico, um dos mais antigos da França, foi formado na Idade Média pelos monges clunisianos e cistercienses. Vinificadores hábeis, eles identificaram os melhores *terroirs* (os *climats*) e fizeram *clos* (muros), como o célebre Clos de Vougeot e suas prensas medievais.

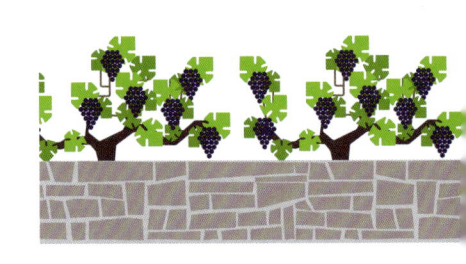

Mil *climats*

São parcelas de vinhas (muitas vezes minúsculas) delimitadas, às vezes por muretas (os *clos*), identificadas e nomeadas há séculos (Les Perrières, Les Cras). Nuances sutis entre essas parcelas (solo, exposição, inclinação) dão vinhos de diferentes caráteres.

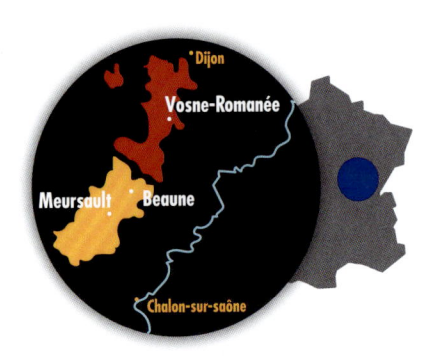

Côte d'Or

No coração da Borgonha, esse vinhedo corre por 55 km ao sul de Dijon. Por ali são conhecidos vilarejos (como Meursault e Vosne-Romanée) que produzem os vinhos importantes da região. Ao norte, a Côte de Nuits, famosa por seus tintos; ao sul, Côte de Beaune e seus grandes brancos.

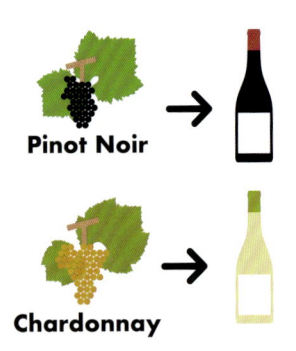

Pinot Noir e Chardonnay

Essas cepas ocupam 90% do vinhedo. A primeira dá tintos com pouca coloração, sutis, frescos, elegantes, de taninos finos e aromas de cereja e flores. A segunda dá brancos variados: vibrantes e minerais em Chablis; mais carnudos em Côte d'Or, muitas vezes amadeirados.

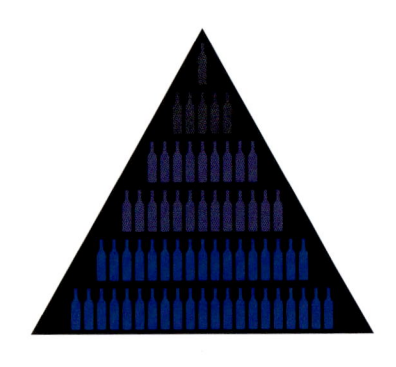

Pirâmide das denominações

A região vinícola mais rica em AOP (tem uma centena) é dividida em AOP regionais (Borgonha, Crémant), vilarejos AOP que levam o nome de uma comuna (Beaune, Pommard), Premiers Crus com um nome de *climat* (Beaune Grève) e Grands Crus (Montrachet, Romanée-Conti).

Formada por monges, dividida em vários AOP e parcelas, é uma das regiões vinícolas mais renomadas do mundo. Dividida em quatro sub-regiões, de Yonne a Mâconnais, Borgonha produz brancos e tintos essencialmente da Chardonnay e da Pinot Noir – as mais célebres nascem na Côte d'Or e de suas melhores parcelas (os *climats*), classificadas em Premiers e Grands Crus.

COMO SÃO OS VINHOS DA BORGONHA?

Brancos de Chablisien

Feitos da Chardonnay, esses brancos secos exibem o frescor do clima do Yonne. Pálidos, de aromas frutados (cítricos, frutas brancas) e minerais (sílex, seixo molhado), são vibrantes, às vezes incisivos e leves. Os Premiers Crus e Grands Crus são mais potentes e podem envelhecer.

Brancos de Côte d'Or e Côte Chalonnaise

Muitas vezes amadeirados, frutados, florais, amanteigados, eles são carnudos e frescos. Os mais potentes e de guarda são os Premiers (Meursault, Puligny-Montrachet) e Grands Crus (Montrachet, Corton-Charlemagne) da Côte de Beaune.

Tintos de Côte d'Or e Côte Chalonnaise

Têm cor leve, taninos delicados, frescor e aromas sutis de cereja, flores e especiarias doces. Os mais potentes são produzidos ao redor de Gevrey-Chambertin, Vosne-Romanée, Nuits-Saint-Georges (Côte de Nuits).

Grands Crus de Côte d'Or

Tintos (Chambertin, Romanée-Conti) ou brancos (Montrachet, Corton-Charlemagne) são os vinhos mais intensos e caros da Borgonha, originados das melhores parcelas. São amadeirados, conferem mais opulência, corpo, taninos (tintos) e longevidade.

Brancos de Mâconnais

No sul da Borgonha, Mâconnais aproveita seu clima mais suave para produzir brancos tenros, menos vibrantes e de aromas abertos (frutas de caroço, melão, frutas tropicais). Leves sob a AOP Mâcon, são potentes e amadeirados nos melhores vinhedos (Pouilly-Fuissé).

Borgonheses de AOP regionais

AOP Bourgogne, Coteaux-Bourguigons, Mâcon e Bourgogne-Côte Chalonnaise produzem os tintos e brancos mais leves e acessíveis da Borgonha. Muitas vezes não amadeirados, frutados, frescos e pouco tânicos (tintos). Devem ser bebidos jovens.

BORGONHA

- CHABLISIEN
- CÔTE DE NUITS
- CÔTE DE BEAUNE
- CÔTE CHALONNAISE
- MÂCONNAIS
- ▲ AOP

Localidades e AOPs: Dijon, Chablis, Auxerre, Gevrey-Chambertin, Vougeot, Nuits-Saint-Georges, Beaune, Pommard, Meursault, Mercurey, Givry, Chalon-sur-Saône, Montagny, Mâcon-Villages, Viré-Clessé, Mâcon, Pouilly-Fuissé, Beaujolais.

Produzidos da Chardonnay, os brancos podem ser simples e frutados (AOP regionais), incisivos (Chablisien), carnudos, frescos e amadeirados (Côte d'Or, Côte Chalonnaise) ou mais redondos (Mâconnais). Os tintos são claros, pouco tânicos, frescos, expressivos (frutas vermelhas, flores, especiarias), mas há os mais intensos, que nascem na Côte d'Or. Os Grands Crus produzem os vinhos mais potentes da Borgonha.

COMO É A REGIÃO VINÍCOLA DE CHAMPAGNE?

Clima frio

De Marne a Aube, o vinhedo cobre 34 mil hectares no quadrante nordeste da França. O clima na região é particularmente frio para a uva, cultivada majoritariamente em encostas expostas ao sol. Colhem-se uvas pouco doces e ácidas, que produzem vinhos vibrantes e leves.

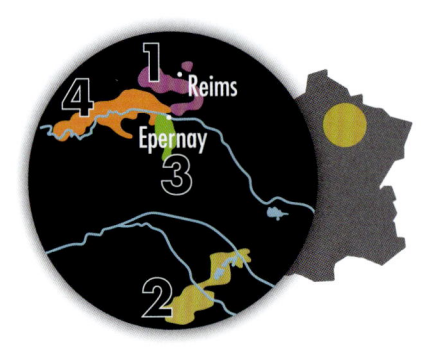

Sub-regiões

O vinhedo se divide em quatro sub-regiões: Montanha de Reims, ao sul e a oeste de Reims; Côte des Bar (Aube), conhecidas pelo Pinot Noir; Côte des Blancs, ao sul de Epernay, famosa por seu Chardonnay; e o Vale do Marne, que cultiva em sua maior parte a Pinot Meunier.

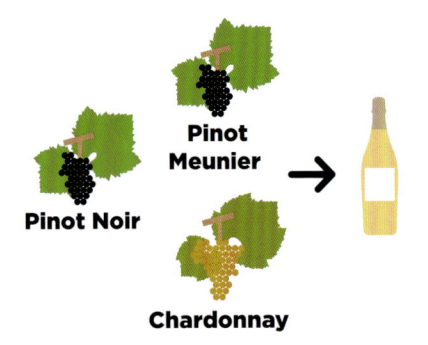

Três principais cepas

A maioria dos Champagnes associam três principais cepas da região de Champagne: duas tintas vinificadas em vinho branco, Pinot Noir (potência, acidez, aromas) e Pinot Meunier (maciez, aromas) e uma branca, a Chardonnay (elegância, leveza, frescor).

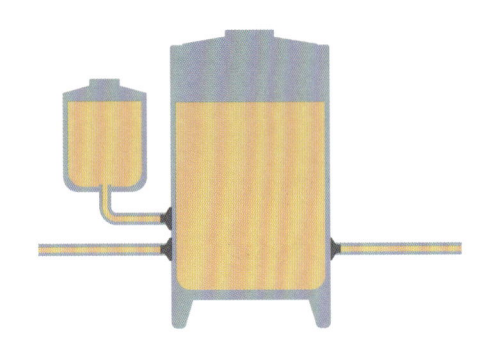

Arte do corte

Consiste em casar vinhos de diferentes cepas, sub-regiões e anos. Isso permite a cada produtor elaborar e aperfeiçoar um estilo e um gosto singular e reproduzi-lo a cada safra.

Vitivinicultores, *négoce* e cooperativas

Alguns vitivinicultores fazem seus próprios vinhos (Récoltants-Manipulants, RM no rótulo), outros confiam suas uvas às cooperativas (Récoltants-Coopérateurs, RC); muitos os vendem ao *négoce*, que produz 75% dos Champagnes.

Escala dos crus

Para as comunas produtoras, e a depender da qualidade de suas uvas o preço de compra do quilo de uva pelo *négoce* é fixado pela Escala dos Crus. Os 17 Grands Crus têm o coeficiente de 100% (a uva se compra a 100% do preço), 90% a 99% aos 44 Premiers Crus, 80% a 89% aos não classificados.

Essa região vinícola produz quase exclusivamente espumantes com a AOP Champagne. Vinhos de corte, que misturam cepas (Chardonnay, Pinot Noir e Pinot Meunier) de procedência e safras diversas, os Champagnes reproduzem o frescor do clima local por meio de sua vivacidade e leveza. A maioria é produzida por *maisons de négoce*, que compram as uvas dos viticultores.

COMO SÃO OS VINHOS DE CHAMPAGNE?

Frescor e leveza

Champagnes possuem semelhanças entre si: leveza, vivacidade, frescor reforçado pelo pinicar das bolhas, textura aberta graças ao envelhecimento em garrafa e aromas discretos e tônicos de cítricos, frutas verdes e amarelas, brioche ou levedura.

Bruts sans année (BSA)

Champagnes oriundos de diferentes parcelas e anos de colheita, os mais comuns e feitos para serem bebidos jovens, costumam ser de fácil acesso, leves, dotados de aromas de frutas frescas e de brioche, mas cada produtor tem sua receita e alguns podem ser mais marcantes.

Millésimés ou safrados

De uma única safra, em princípio um bom ano, presente no rótulo. Longamente envelhecidos em garrafa, costumam ser mais potentes e complexos, com aromas de brioche, café torrado, frutas secas ou cristalizadas, e podem ser conservados por muito tempo.

Blancs de blancs e *blancs de noirs*

Feitos da Chardonnay, os *blancs de blancs* são leves, vibrantes, finos e aromáticos (flores brancas, cítricos). Os *blancs de noirs*, de uvas tintas (Pinot Noir e/ou Pinot Meunier), são mais encorpados (sobretudo com a Pinot Noir) e frutados (frutas amarelas e vermelhas).

Rosés

Os mais claros, muitas vezes feitos de uma mistura de vinhos brancos com tintos, mostram-se próximos dos brancos: vibrantes, leves, com discretas notas de frutas vermelhas. Os mais escuros (rosés de *saignée*) têm mais corpo, às vezes taninos muito leves e aromas nítidos de frutas vermelhas.

Secos ou doces: efeito da dosagem

A dosagem determina diferentes tipos de Champagne, dependendo de seu teor de açúcares. Embora a maioria seja vibrante e seco (*brut*), ou até incisivo (*brut nature*, *extra brut*), outros são mais (doces) ou menos (secos, meio-seco) açucarados.

CHAMPAGNE

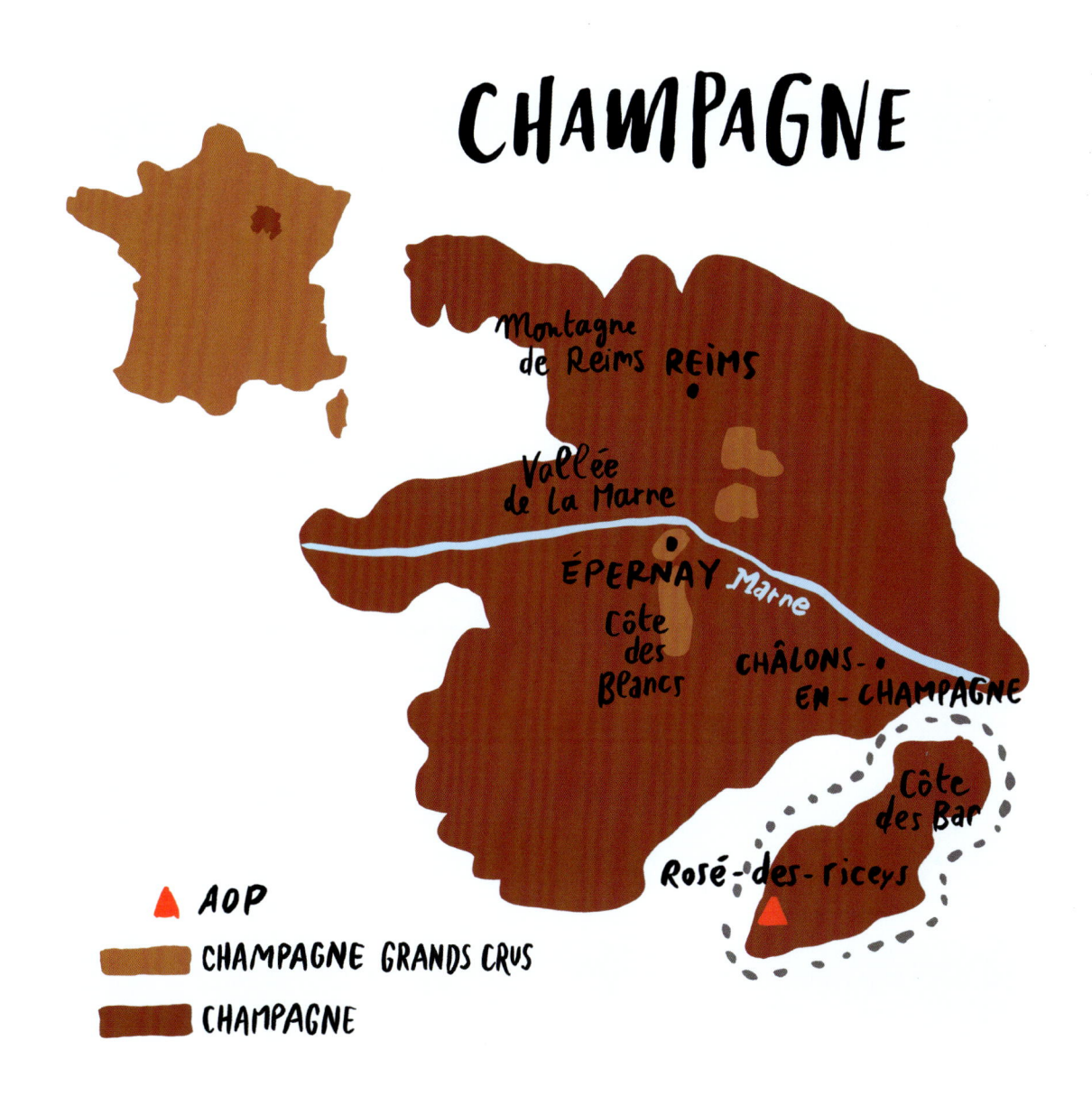

- 🔺 AOP
- ▬ CHAMPAGNE GRANDS CRUS
- ▬ CHAMPAGNE

Regiões indicadas no mapa: Montagne de Reims, Reims, Vallée de la Marne, Épernay, Marne, Côte des Blancs, Châlons-en-Champagne, Côte des Bar, Rosé-des-riceys.

Se os Champagnes têm em comum a leveza, a vivacidade e o frescor de aromas, eles também têm nuances. A maior parte dos *bruts sans année*, *blancs de blancs* ou rosés pálidos oferecem frescor e leveza, enquanto os *blancs de noirs*, os rosés mais escuros e os safrados se mostram muitas vezes mais alcoólicos e potentes. Dependendo da dosagem, eles se dividem entre vinhos secos ou mais doces.

COMO SÃO AS REGIÕES VINÍCOLAS DO JURA E DE SAVOIE?

Vinhedo do Jura

Situado em Franche-Comté, se estende por 80 km de norte a sul e cobre 2 mil hectares. As melhores parcelas ficam em encostas às vezes bem íngremes, a uma altitude de cerca de 250 m a 400 m, orientadas para sul e sudeste, para aproveitar o máximo de insolação.

Castas do Jura

Savagnin
Trousseau

Há cepas da Borgonha (Chardonnay e Pinot Noir) e variedades locais (como a Savagnin e seus brancos potentes, como o vinho amarelo), e duas cepas tintas (Poulsard, que dá vinhos leves e condimentados, e Trousseau, responsável por vinhos mais equilibrados).

AOP do Jura

A maior parte dos vinhos é produzida em três AOP: Arbois e Côtes du Jura para os vinhos tranquilos, e Crémant du Jura para os espumantes. Pequena, mas renomada, a AOP Château-Chalon é especializada em vinho amarelo, a estrela entre os brancos, e Macvin du Jura, em um raro *vin de liqueur*.

Vinhedo de Savoie

Seus 2 mil hectares espalham-se por quatro departamentos (Savoie, Ain, Isère e Haute-Savoie), por pequenos bolsões à beira dos lagos, ao longo dos rios e em encostas, onde a uva tem mais chances de amadurecer em um clima montanhoso.

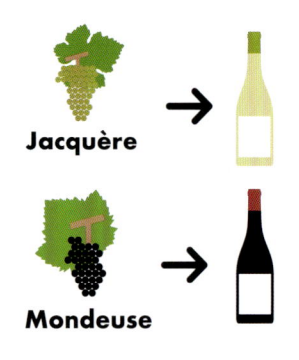

Cepas de Savoie

Jacquère
Mondeuse

Há cerca de 20 cepas, sobretudo brancas: Jacquère, a mais comum, e seus vinhos vibrantes e leves; Roussanne (Bergeron) e seus vinhos mais gordos; Altesse e seus vinhos elegantes; etc. Entre as tintas, a Gamay domina, mas a Mondeuse dá os melhores vinhos, equilibrados e condimentados.

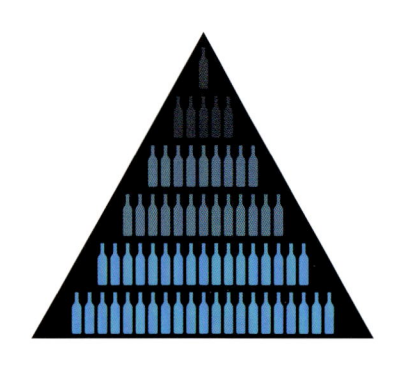

AOP de Savoie

A maior parte dos vinhos está em AOP Savoie, às vezes com um nome de comuna (como Apremont e Arbin). Duas pequenas AOP são especializadas em brancos: Seyssel e Roussette-de-Savoie (cepa Altesse). Há *crémants* também. A região vizinha do Bugey é conhecida por seu rosé frisante, o Cerdon.

Esses vinhedos de montanha têm pontos em comum: pequeno porte, clima fresco, produção de *crémants* e duas cepas, a Pinot Noir e a Chardonnay. Cada região possui também cepas locais que as tornam interessantes. Embora contem com poucas AOP, oferecem uma bela diversidade de vinhos, sendo alguns fortes, como o vinho amarelo do Jura ou a Mondeuse em Savoie.

COMO SÃO OS VINHOS DO JURA E DE SAVOIE?

Tintos do Jura

A Poulsard origina vinhos de cor leve, vibrantes, com aromas de carne de caça, sub-bosque ou especiarias. Mais coloridos e mais tânicos, os vinhos da Trousseau são carnudos e frutados. Já a Pinot Noir oferece tintos frescos e elegantemente frutados. Essas cepas podem ser misturadas.

Brancos do Jura

A Savagnin gera vinhos potentes, carnudos, com notas de frutas secas ou frutas amarelas. Os vinhos Chardonnay são mais vibrantes e leves, florais e frutados. Certos brancos envelhecem em barricas de vinho amarelo e adquirem notas potentes de nozes ou de curry.

Vinho amarelo do Jura

Feito da Savagnin, o *vin de voile* (vinho de véu), branco potente, é envelhecido por mais de 6 anos em velhas barricas não totalmente cheias. O véu de leveduras formado lhe confere os aromas originais de nozes e curry. O mais conhecido é o Château-Chalon.

Vinho de Palha e Macvin do Jura

Feito de uvas secas sobre leito de palha, maturado em barrica, o Vinho de Palha é doce, concentrado e capitoso (frutas cristalizadas, caramelo, mel). Caloroso, potente e perfumado, o Macvin é um vinho fortificado de aguardente de Franche-Comté.

Tintos de Savoie

A Gamay e a Pinot Noir produzem vinhos leves, vibrantes e frutados, e a Mondeuse produz tintos mais potentes e tânicos, de aromas intensos de frutas negras frescas, violeta, pimenta ou vegetal. Alguns são maturados em barrica e os melhores (AOP Savoie Arbin) envelhecem bem.

Brancos de Savoie

Savoie é conhecida por seus brancos vibrantes e leves, feitos da casta Jacquère, com aromas discretos de cítricos ou flores, e acompanhantes tradicionais da raclette. Também produz brancos mais carnudos e finos com a AOP Savoie Chignin-Bergeron e a AOP Roussette-de-Savoie.

SAVOIE

- BOURG-EN-BRESSE
- Lac Léman
- Cerdon
- Seyssel
- Virieu-le-Grand
- Lac du Bourget
- CHAMBÉRY
- Chignin
- Apremont

▬ BUGEY
▬ SAVOIE ET ROUSSETTE-DE-SAVOIE

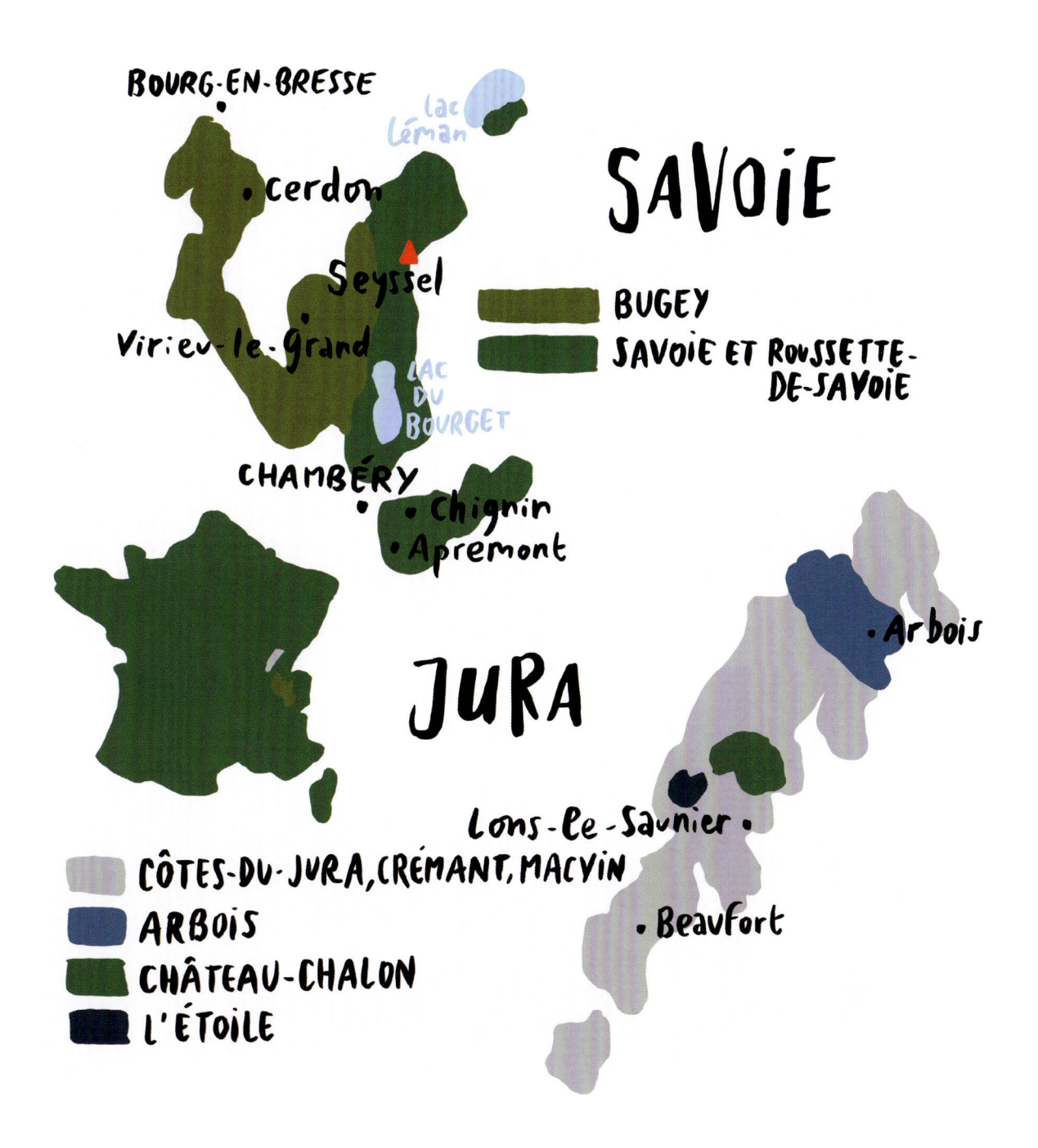

JURA

- Arbois
- Lons-le-Saunier
- Beaufort

▬ CÔTES-DU-JURA, CRÉMANT, MACVIN
▬ ARBOIS
▬ CHÂTEAU-CHALON
▬ L'ÉTOILE

O clima frio é propício para Savoie e Jura produzirem vinhos vibrantes e leves (Chardonnay, Pinot Noir, Poulsard, Gamay, Jacquère), mais ou menos frutados. Porém, outros vinhos possuem mais caráter: no Jura, o vinho amarelo, potente e original, o Macvin, doce e caloroso; em Savoie, a Mondeuse dá tintos tânicos, e a Bergeron, brancos carnudos e perfumados.

COMO É A REGIÃO VINÍCOLA DE LANGUEDOC-ROUSSILLON?

Maior região vinícola da França

Do Gard até a Espanha, a região forma um anfiteatro voltado para o Mediterrâneo, encostado no Maciço Central e nos Pireneus. Com seus quatro departamentos (Gard, Hérault, Aude, Pyrénées-Orientales) e 235 mil hectares de vinhas, é a maior região vinícola da França.

Sol, mar e montanha

Muito ensolarados, os verões permitem a colheita de uvas bem maduras, doces e pouco ácidas que originam vinhos tintos potentes e calorosos. Os vinhedos refrescados pela altitude e pelos ventos marítimos oferecem vinhos mais frescos.

Maior vinhedo orgânico da França

Quente e seco, as doenças da vinha são pouco agressivas, em especial os fungos. A viticultura orgânica por isso ganhou muitos adeptos, e Languedoc-Roussillon tem hoje o maior vinhedo orgânico da França em termos de superfície.

Progressos impressionantes

Antes especializada em vinhos de mesa baratos, a região fez progressos impressionantes nos anos 1980. Conhecida por seus vinhos de cepas (IGP), e depois por seus bons "pequenos" tintos de AOP, hoje ela produz também grandes tintos de guarda.

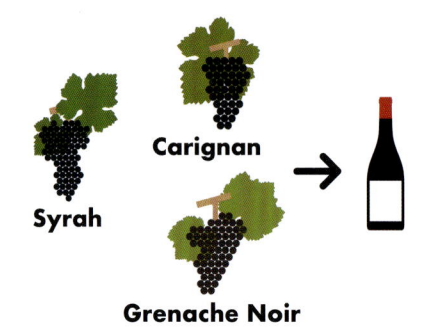

Cepas

A Syrah, a Grenache Noir e a Carignan, muitas vezes misturadas, forjam o caráter dos tintos de AOP. A Merlot e a Cabernet Sauvignon são muito utilizadas em IGP, assim como a Chardonnay. Os brancos de AOP são feitos de cepas sulistas, como Viognier, Grenache Blanc, Vermentino.

Pirâmide das denominações

Há cerca de 20 AOP na região: da maior (Languedoc) às comunais, mais renomadas (Terrasses-du--Larzac, Pic Saint-Loup, Corbières Boutenac), passando pelas sub-regionais (Faugères, Corbières, Collioure) e pelos vinhos fortificados de Roussillon.

Languedoc-Roussillon é a maior região vinícola da França e principal produtora de vinhos orgânicos. Ensolarada, oferece principalmente vinhos tintos de estilo caloroso a partir de castas sulistas como Syrah, Grenache e Carignan. A região, que antes não tinha reputação, passou a ser identificada por seus IGP e hoje em dia também assina grandes vinhos em seus melhores AOP.

COMO SÃO OS VINHOS DE LANGUEDOC-ROUSSILLON?

Vinhos tintos de AOP

Elaborados muitas vezes a partir de várias castas, eles são calorosos, de taninos pouco agressivos e acidez discreta. Carnudos, seus aromas evocam fruta cristalizada, especiarias, matagal, plantas aromáticas ou couro. Os melhores conservam o frescor ideal.

Vinhos brancos de AOP

A maioria é macia e carnuda, mais perfumada (Viognier) ou menos. A AOP Picpoul de Pinet distingue-se por seus brancos vibrantes, e a Limoux, por seus brancos redondos e amadeirados, com notas de creme e frutas amarelas. Essa também produz *crémants* tenros e frescos.

Os IGP

Muitos trazem o nome da cepa no rótulo. Costumam ser baratos e reproduzem o caráter de sua cepa, como o Cabernet Sauvignon, o Merlot, o Chardonnay e o Sauvignon. Também são produzidos excelentes vinhos de produtores renomados nessa categoria.

Brancos doces naturais

Aveludados, os moscatéis (Rivesaltes, Frontignan) cheiram a uva, pêssego e flor de laranjeira. Os jovens Rivesaltes e os raros Banyuls e Maury são frescos e florais. Com a idade, eles assumem uma cor âmbar e notas de mel, café e frutas secas.

Tintos doces naturais

Os Banyuls, Maury e Rivesaltes tintos de Roussillon são vinhos jovens, calorosos e intensamente frutados (frutas negras, especiarias). Quando longamente envelhecidos, possuem coloração evoluída e com aromas de frutas cristalizadas, nozes e café.

Rosés

A região produz também muitos vinhos rosés, às vezes inspirados pela Provence, pálidos e leves, com aromas de bala, pêssego ou flores, às vezes mais escuros e carnudos, com notas nítidas de frutas vermelhas.

LANGUEDOC-ROUSSILON

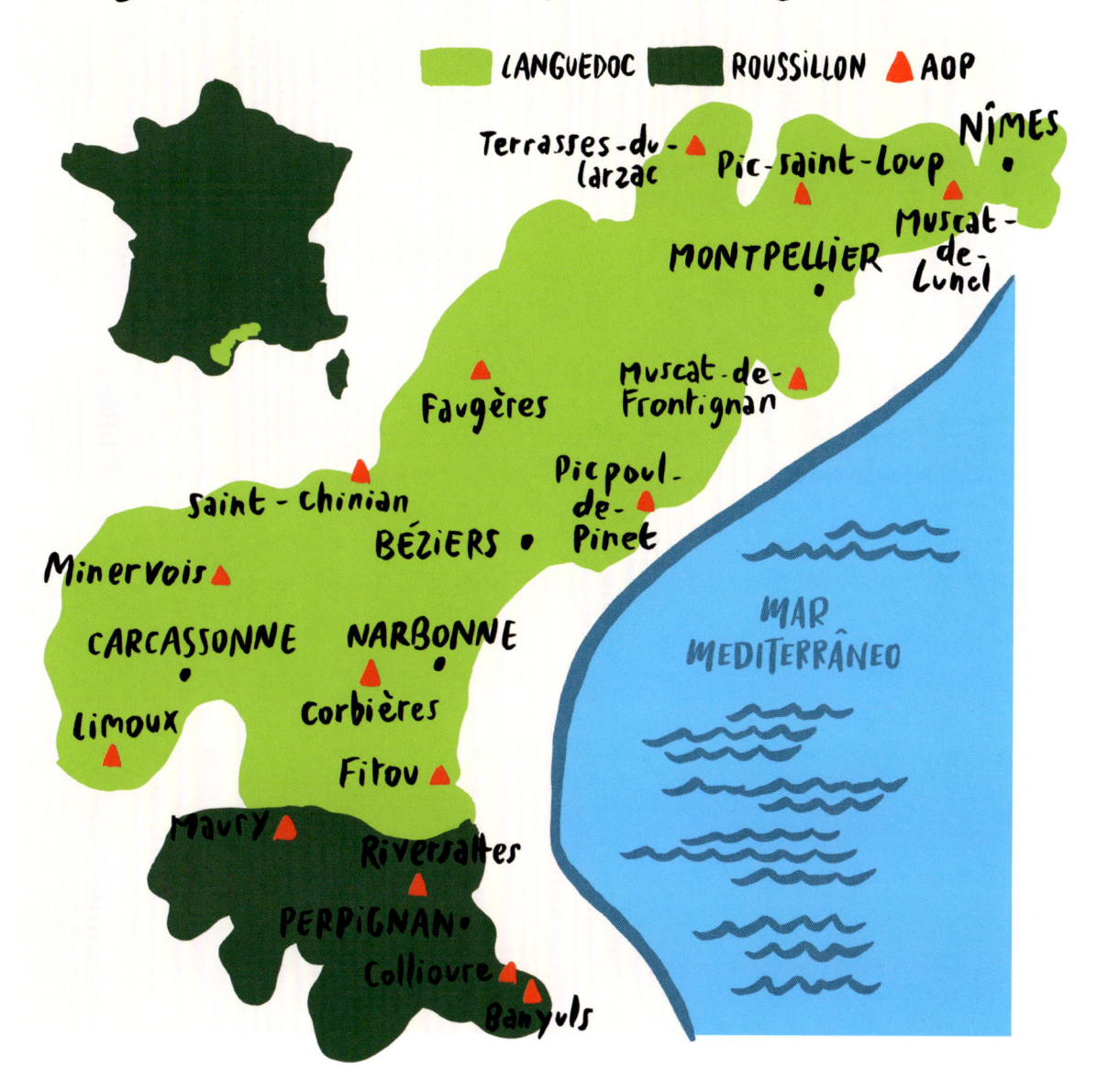

A região de Laguedoc-Roussilon produz todos os tipos de vinho, sendo a maioria tintos generosos, ensolarados, com um toque de frescor preservado entre os melhores. Os vinhos brancos são carnudos, pouco ácidos, e os rosés, pálidos ou mais vinosos. O Roussillon é famoso por seus vinhos doces naturais, robustos, de longa guarda. Os IGP reproduzem o caráter de suas cepas.

COMO É A REGIÃO VINÍCOLA DA PROVENCE E DA CÓRSEGA?

Sol, mar, montanha

O vinhedo provençal cobre 30 mil hectares ao longo do Mediterrâneo, de Nice até Rhône. Na Córsega, 5.900 hectares de vinhas distribuem-se em torno da ilha. As montanhas e o mar suavizam o forte calor estival, cenário que pede um rosé à sombra de um pergolado.

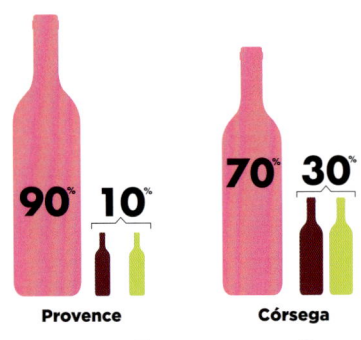

La vie en rosé

Noventa por cento dos vinhos da Provence e 70% dos vinhos da Córsega são rosés: pálidos, leves, fáceis de beber e adequados ao verão, são vendidos a partir da primavera que se segue às vindimas. Os tintos e os brancos são raros, mas têm caráter e muitas vezes são a preferência dos apreciadores.

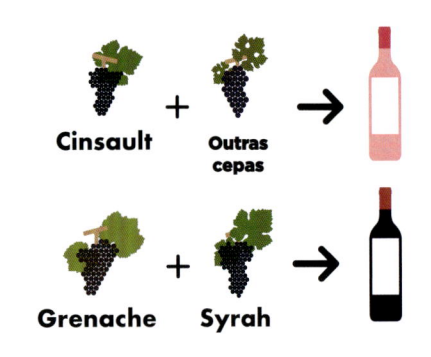

Cepas da Provence

São de grande diversidade e muitas vezes compõem cortes. Adequada para os rosés, a Cinsault dá vinhos pálidos e leves. Nos tintos, costuma-se combinar a Grenache com a Syrah, e a Mourvèdre produz os potentes Bandol. Os raros brancos usam sobretudo Rolle (Vermentino), Ugni Blanc e Clairette.

Cepas da Córsega

De raízes italianas, elas têm por nome Vermentino (Rolle), Sciaccarellu e Niellucciu. Com a primeira se elaboram ótimos vinhos brancos, perfumados e sem peso; as outras duas dão ao mesmo tempo tintos de caráter, encorpados e com potencial de guarda, e rosés vibrantes e leves.

AOP da Provence

A AOP Côtes de Provence domina amplamente. Os vinhos de Coteaux Varois e Coteaux-d'Aix-en--Provence, em maior altitude, costumam ser mais frescos. Bandol oferece rosés e tintos encorpados. As exclusivas AOP Cassis, Bellet, Palette e Baux-de-Provence produzem vinhos de caráter.

AOP da Córsega

A maioria dos vinhos tem selo AOP Corse, às vezes seguido do nome de uma comuna (como Sartène ou Calvi). Patrimonio, ao norte, é conhecida por seus tintos tânicos (Niellucciu), e a AOP Ajaccio, por seus tintos carnudos (Sciaccarellu). O Muscat du Cap Corse é um vinho fortificado feito da Muscat.

Cultivados em clima de sol e mar, os vinhedos corsos e provençais dedicam-se sobretudo aos vinhos rosés. Pálidos e fáceis de beber, como os Côtes de Provence, feitos de cepas sulistas (Provence) ou locais (Córsega), não devem ofuscar os vinhos tintos e brancos de forte personalidade produzidos em algumas pequenas AOP conhecidas dos apreciadores.

COMO SÃO OS VINHOS DA PROVENCE E DA CÓRSEGA?

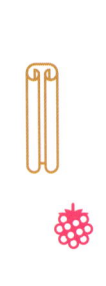

Vinhos brancos secos

Corsos e provençais têm em comum a cepa Rolle (ou Vermentino), que oferece vinhos brancos perfumados (flores brancas, cítricos, frutas brancas), frescos e carnudos, às vezes amadeirados. Os brancos Cassis podem ser encorpados, untuosos ou mais finos, florais e às vezes salinos.

Rosés da Provence

Pálidos, com aromas de bala, frutas vermelhas e amarelas, flores e cítricos, os rosés têm a seu favor a leveza e maciez. Os melhores oferecem suplemento de frescor e alguns, como os Bandol, são mais coloridos, potentes e condimentados.

Rosés da Córsega

Muitas vezes pálidos, eles evocam frutas vermelhas aciduladas, cítricos, ou às vezes frutas tropicais e especiarias. Possuem cor mais acentuada, são estruturados, frescos e condimentados (Niellucciu) ou mais suaves e macios (Sciaccarellu).

Tintos da Provence

Calorosos, pouco ácidos, tânicos ou mais redondos, seus aromas evocam o Sol (geleia de frutas), especiarias e garrigue. Bandol produz vinhos corpulentos a partir da Mourvèdre: cor acentuada, robustos, tânicos, com perfumes de amoras, especiarias ou couro. São de longa guarda.

Tintos da Córsega

Feitos da Niellucciu (Patrimonio), eles são perfumados (frutas vermelhas, alcaçuz, pimenta), encorpados, tânicos, de bela acidez e capazes de envelhecer. Os elaborados da Sciaccarellu (Ajaccio) são mais suaves, aveludados e de aromas refinados (frutas negras, violeta, iodo).

Muscat du Cap Corse

A AOP Muscat du Cap Corse, bem ao norte da ilha, produz um vinho branco doce natural à base exclusivamente da cepa Muscat de pequenas bagas. Dourado, untuoso, rico, sem deixar o frescor de lado, ele cheira a flor de laranjeira, uva fresca e frutas tropicais.

PROVENCE

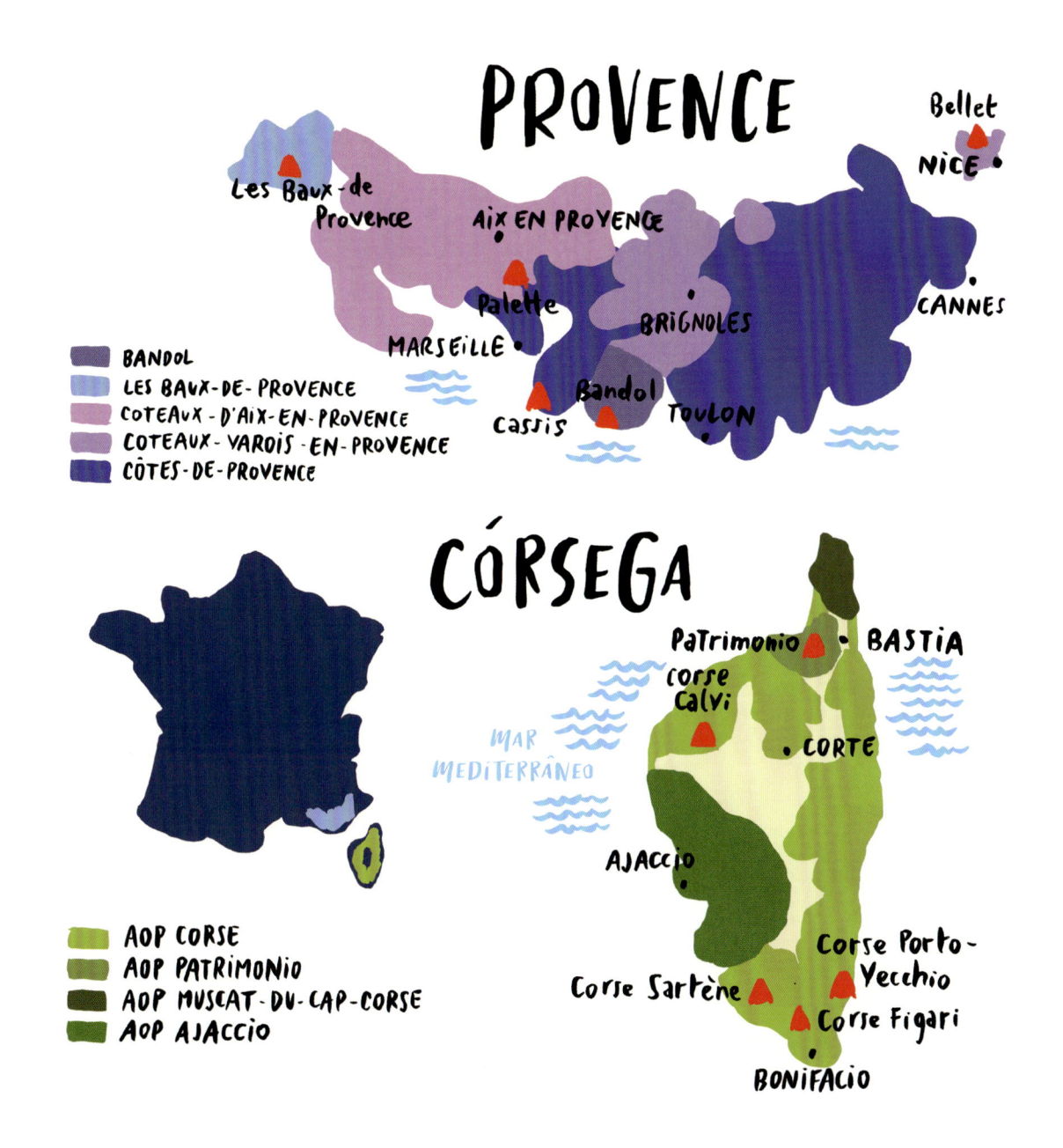

- BANDOL
- LES BAUX-DE-PROVENCE
- COTEAUX-D'AIX-EN-PROVENCE
- COTEAUX-VAROIS-EN-PROVENCE
- CÔTES-DE-PROVENCE

Localidades: Les Baux-de-Provence, Aix en Provence, Palette, Marseille, Brignoles, Cannes, Cassis, Bandol, Toulon, Bellet, Nice.

CÓRSEGA

- AOP CORSE
- AOP PATRIMONIO
- AOP MUSCAT-DU-CAP-CORSE
- AOP AJACCIO

Localidades: Patrimonio, Bastia, Corse Calvi, Corte, Ajaccio, Corse Sartène, Corse Porto-Vecchio, Corse Figari, Bonifacio.

Mar Mediterrâneo

Os vinhos rosés são leves, pálidos, frutados, mas com nuances sutis, de acordo com as origens e as cepas utilizadas. Típicos do sul, encorpados, com notas de frutas maduras, garrigue e especiarias, os tintos podem se revelar carnudos ou mais tânicos e de boa guarda. Entre os brancos, Córsega e Provence têm uma cepa em comum, a Rolle, que origina vinhos elegantes e florais.

COMO É A REGIÃO VINÍCOLA DO SUD-OUEST?

Vasto vinhedo espalhado

As vinhas espalham-se desde o Maciço Central até o País Basco, passando pelos vales de Garonne, Dordogne, Lot e Tarn, e pelos contrafortes dos Pirineus. O clima moderado origina vinhos equilibrados, dotados de boa acidez.

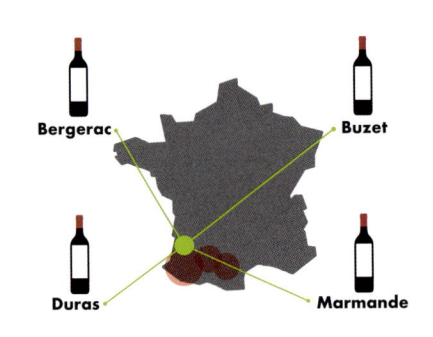

Vinhedos da periferia de Bordeaux

Bergerac e, mais ao sul, Duras, Marmande e Buzet dividem com Bordeaux seu clima, suas cepas (Merlot, Cabernet Sauvignon), às vezes associadas a variedades locais (Abouriou em Côtes du Marmandais), e o estilo de seus vinhos.

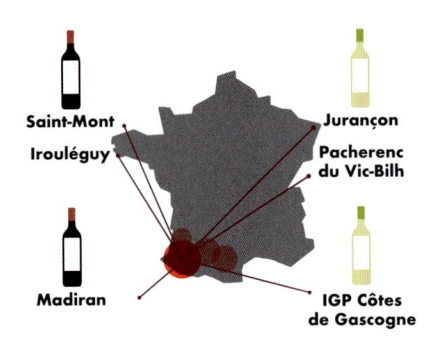

Vinhedos dos Pirineus

De Gers até o sopé dos Pirineus, são produzidos vinhos tintos potentes nas AOC Madiran, Saint-Mont e Irouléguy, brancos vibrantes e secos, além de brancos doces, nas AOP Jurançon, Pacherenc du Vic-Bilh e no grande vinhedo dos IGP Côtes de Gascogne, em Gers.

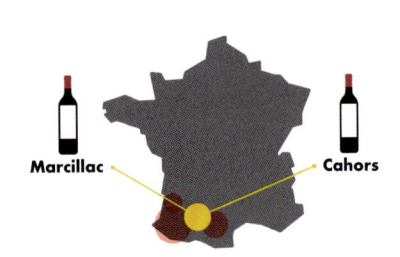

Vinhedos de Lot e Aveyron

Os pequenos vinhedos de Aveyron (AOP Marcillac) produzem tintos frescos a partir da cepa Fer Servadou. Mais amplo e mais conhecido, o vinhedo de Cahors, em torno de Lot, produz tintos escuros, tânicos e frescos a partir da Malbec.

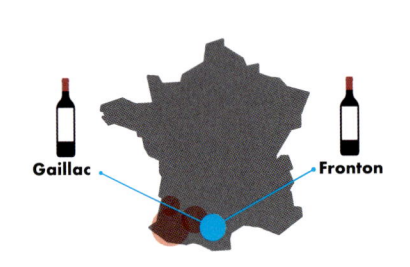

Vinhedos do Vale do Tarn

A AOP Gaillac tem ampla gama de vinhos e cepas locais (Duras, Braucol, Mauzac, Len de l'El), produzindo tintos leves ou encorpados, brancos secos ou doces e espumantes. Perto de Toulouse, a AOP Fronton explora a Négrette em seus tintos florais e condimentados.

Cepas e AOP

50 AOP

O Sud-Ouest apresenta grande variedade de cepas: são 300, sendo 120 variedades locais, ainda que nem todas sejam exploradas. Há também grande diversidade de AOP: cerca de cinquenta, das menores até os vastos vinhedos de Bergerac e de Côtes de Gascogne.

Bergeracois

Vinhedos dos Pirineus

Diversidade é a palavra-chave que caracteriza os vinhedos do Sud-Ouest espalhados desde o Maciço Central até os Pirineus, passando por Bergeracois e pelo Vale do Tarn. Essa região gastronômica produz uma variedade enorme de vinhos dentro de suas cerca de cinquenta AOP e IGP, a partir de dezenas de castas, incluindo muitas variedades locais.

COMO SÃO OS VINHOS DO SUD-OUEST?

Tintos tânicos

Madiran, Saint-Mont, Irouléguy, Pécharmant, Montravel: vinhos muitas vezes escuros, encorpados, equilibrados, de guarda, com aromas de frutas negras maduras, especiarias e sub-bosque. Mais fresco, o Cahors (antes chamado de vinho negro) tem taninos firmes e oferece aromas de amora e violeta.

Tintos macios

À base de Merlot, Bergerac, Buzet e Côtes du Marmandais, oferecem vinhos tintos carnudos, de taninos suaves, frutados, mentolados e, às vezes, amadeirados. Gaillac assina tintos condimentados, de taninos discretos. A Fronton, tintos tenros, com frutas negras, especiarias e violeta.

Brancos doces

Nascidos em alta altitude, de uvas secas, os Jurançon e Pacherenc du Vic-Bilh são famosos por seus vinhos doces frescos e perfumados (flores, cítricos, frutas tropicais). Os licorosos de Bergerac (Saussignac, Monbazillac) são mais opulentos, com notas de frutas secas típicas do *Botrytis*.

Brancos secos

Muitos são vibrantes e leves, de notas frutadas (cítricos, frutas tropicais), florais ou vegetais (Bergerac, IGP Côtes de Gascogne). Os Jurançon secos são encorpados, mas sempre vibrantes e exóticos. Gaillac produz brancos com notas típicas de maçã (cepa Mauzac).

Rosés e espumantes

Fronton assina rosés pálidos e escuros, redondos e aromáticos, florais e frutados. Os Côtes de Gascogne são claros, vibrantes, com notas de pomelo ou de bala. Os vinhos oriundos da Malbec (IGP Lot) são mais coloridos e densos.

Espumantes

Alguns raros espumantes, extremamente frutados (maçã, pera), nascem em Gaillac: vibrantes e secos quando feitos pelo método tradicional, um tanto doces quando seguem o método ancestral (sem adição de açúcar para a formação de bolhas, a segunda fermentação é natural, obtida com o açúcar da uva).

SUD-OUEST

- Bergerac
- Duras
- Monbazillac
- Côtes-du-marmandais
- Cahors
- Marcillac
- Buzet
- Fronton
- ALBI
- Côtes-de-Millau
- Gaillac
- Saint-Mont
- AUCH
- Béarn
- PAU
- Madiran
- TARBES
- TOULOUSE
- Jurançon
- Iroulégy
- Les Pyrénées
- Dordogne
- Garonne

▲ AOP

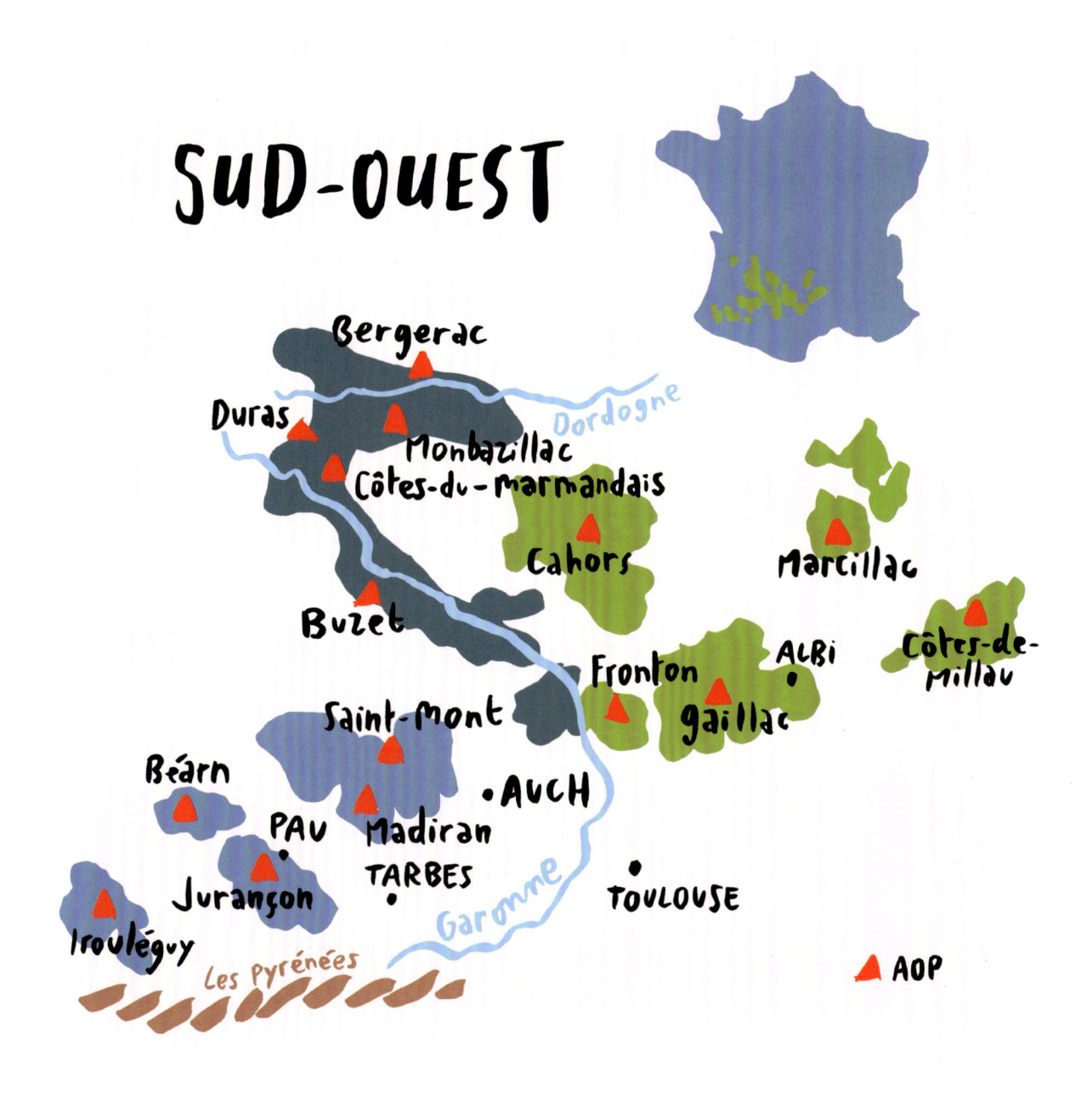

Muitos dos vinhos do Sud-Ouest têm agradável frescor, que os torna equilibrados. Os tintos podem ser carnudos e redondos ou mais tânicos e de longa guarda. Os brancos secos vão do vibrante, leve e perfumado até o mais tenro; os doces, do muito fresco ao mais untuoso. Os rosés dividem-se entre vinhos pálidos e vibrantes e *cuvées* mais coloridos e intensos.

COMO É A REGIÃO VINÍCOLA DO VALE DO LOIRE?

Clima propício ao equilíbrio dos vinhos

Os vinhedos seguem o curso do Loire, por mais de mil km, do Maciço Central até o Atlântico, divididos em diversas sub-regiões. Continental ou oceânico, o clima é frio e permite a produção de vinhos bem equilibrados, muitas vezes vibrantes e frutados.

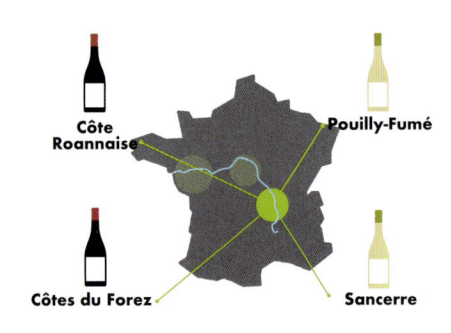

Maciço Central e Loire Central

O Maciço Central (Côte Roannaise, Côtes d'Auvergne, Côtes du Forez) oferece tintos frescos e plenos de fruta, com predominância da Gamay. O Loire Central é conhecido por seus brancos de Sauvignon gaseificados e perfumados (Sancerre, Pouilly-Fumé, Reuilly, Quincy).

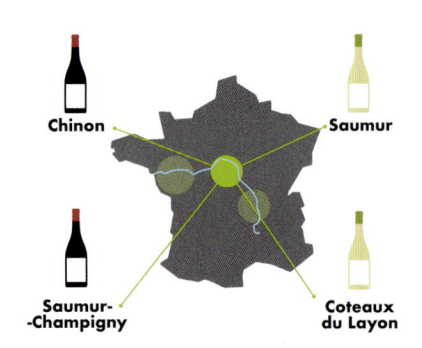

Touraine e Anjou-Saumur

Aqui estão os vinhos do Loire mais conhecidos: brancos, secos ou doces, das AOP Saumur, Savennières, Bonnezeaux, Coteaux du Layon e Vouvray, feitos a partir da Chenin; e os tintos das AOP Chinon, Bourgueil, Saumur-Champigny e Anjou, feitos a partir da Cabernet Franc.

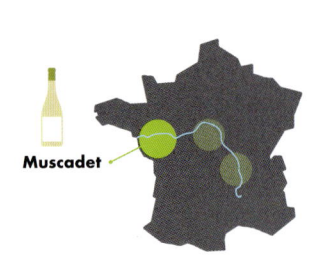

Vinhedos atlânticos

Emblemática da região de Nantes, a Muscadet aparece em diversas AOP, em especial no Muscadet-Sèvres-et-Maine Sur Lie. Maturados sobre as borras (leveduras que fizeram a fermentação), esses brancos feitos unicamente da Melon de Bourgogne são vibrantes, leves, frutados e iodados.

Cepas

O Loire produz principalmente vinhos brancos, a partir de três principais cepas: Melon de Bourgogne (Muscadet), Chenin Blanc e Sauvignon Blanc. Os tintos são feitos essencialmente a partir da Cabernet Franc (chamada também de Breton), Gamay e Pinot Noir.

AOP

O Loire oferece ampla diversidade de vinhos (tintos, rosés, brancos, espumantes, doces e secos), divididos em mais de 50 AOP que englobam um vasto território (Anjou, Touraine), uma comuna (Chinon, Cheverny, Sancerre) e um *terroir* mais restrito (Quarts de Chaume, Touraine-Oisly).

A região vinícola do Loire estende-se ao longo do rio, desde o Maciço Central até o oceano Atlântico, passando pelo Loire Central, Touraine e Anjou. Em clima frio, suas cerca de 50 AOP produzem uma festiva diversidade de vinhos brancos, tintos, rosés, espumantes, gaseificados e frutados, a partir de cepas como a Chenin, Sauvignon, Melon, Gamay e Cabernet Franc.

COMO SÃO OS VINHOS DO VALE DO LOIRE?

Tintos frutados e leves

A Gamay (Côtes d'Auvergne, Côte Roannaise, Touraine Gamay) origina vinhos leves, com notas de frutas vermelhas e, às vezes, especiarias. A Pinot Noir (Menetou-Salon, Sancerre), vinhos claros, frutados, florais, frescos, de taninos discretos e, às vezes, amadeirados.

Tintos frutados e carnudos

Anjou, Saumur-Champigny, Chinon, Bourgueil, entre outros, são AOP que valorizam a Cabernet Franc e produzem vinhos mais carnudos, frescos e frutados, florais, condimentados ou vegetais (menta, pimentão). São mais tânicos em certos vinhedos de encostas.

Brancos secos de Sauvignon

Sancerre, Pouilly-Fumé, Menetou--Salon, Reuilly, Cheverny, Touraine--Oisly são algumas das AOP que produzem brancos tônicos, com aromas frescos de buxo, sabugueiro, cítricos ou frutas tropicais, às vezes sílex ou pederneira (pedra de isqueiro). Amadurecem em tanques.

Brancos secos de Chenin

A Chenin (ou Pineau de Loire) forja o caráter de muitos brancos secos em Touraine e Anjou: vinhos vibrantes e frutados (Vouvray, Montlouis--sur-Loire, Jasnières) ou mais encorpados e concentrados (Savennières).

Brancos doces

A Chenin produz também *moelleux* e licorosos. Vinhos com aromas de marmelo, frutas tropicais, frutas secas e mel, que oferecem sempre uma nítida acidez. Encorpados e concentrados em Quarts de Chaume e Bonnezeaux, são mais leves em Vouvray e Coteaux du Layon.

Espumantes e rosés

Espumantes como Vouvray, Saumur e Crémant de Loire são florais, cítricos e frescos, mas muitas vezes menos incisivos que os Champagnes. O Loire produz também rosés frescos, frutados e vibrantes, além de originais *moelleux* (Cabernet d'Anjou), redondos e repletos de frutas vermelhas.

VALE DO LOIRE

- REGIÃO DE NANTES
- ANJOU-SAUMUR
- TOURAINE
- CENTRO

Os vinhos tintos do Vale do Loire são vibrantes e frutados (Gamay e Pinot Noir) ou mais carnudos e tânicos (Cabernet Franc). Os brancos secos compartilham o frescor e podem ser discretamente perfumados (Muscadet) ou mais exuberantes (Sauvignon). O Loire é também uma grande região de brancos doces com teores alcoólicos variados, de espumantes leves e frescos, e de rosés vibrantes e frutados, secos ou doces.

COMO É A REGIÃO VINÍCOLA DO VALE DO RHÔNE?

Região vinícola de duas faces

A região produtora estende-se de Vienne, em Isère, com seus estreitos vinhedos de encostas, até os terraços abertos dos confins do Gard, 300 km mais ao sul. A essas paisagens contrastantes correspondem diferentes climas e estilos de vinhos.

Papas de Avignon

Após a queda do Império Romano, a viticultura passou por uma escassez de mercado. Seu renascimento veio de ordens monásticas e dos papas que se instalaram em Avignon no século XIV. Foi João XXIII quem promoveu o cultivo do vinhedo de Châteauneuf-du-Pape.

Norte do Vale do Rhône

Entre Vienne e Valence, um vinhedo com trechos incríveis se agarra às encostas que dominam o Rhône. Modesto em tamanho (4 mil ha), mas de grande prestígio, ele oferece tintos renomados feitos somente da Syrah e alguns brancos, como o famoso Condrieu.

Sul do Vale do Rhône

Ao sul de Montélimar, o vinhedo estende-se por terraços em um amplo círculo ao redor de Orange, por mais de 60 mil ha. Além de rosés e alguns raros brancos, o clima mediterrâneo favorece principalmente a produção de vinhos tintos calorosos, com predominância da Grenache Noir.

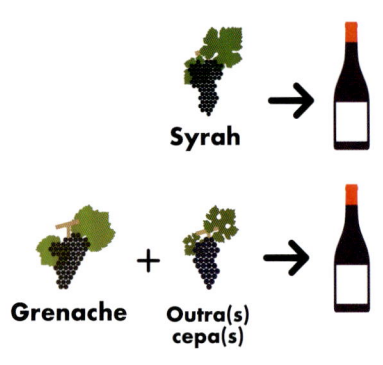

Cepas

Os vinhos tintos do norte são feitos somente da Syrah. No sul, os vinhos resultam de misturas dominadas pela Grenache Noir, associada a outras variedades, entre elas Syrah e Mourvèdre. São cultivadas cerca de 12 cepas brancas, entre elas a Viognier, que produz brancos célebres em Condrieu.

Pirâmide das denominações

Na base, as AOP regionais Côtes-du-Rhône e Côtes-du-Rhône-Villages. No topo, as AOP comunais (ou Crus), algumas delas muito renomadas (Côte-Rôtie, Châteauneuf-du-Pape). Existem também algumas mais afastadas do rio (Luberon, Ventoux, Diois).

Norte do Vale do Rhône

Sul do Vale do Rhône

Entre Vienne e Nîmes, esse vasto vinhedo fundado pelos papas de Avignon tem duas faces: ao norte, um pequeno vinhedo de encostas que oferece sobretudo tintos renomados, feitos a partir da Syrah; ao sul, vastos terraços ensolarados que produzem vinhos calorosos, populares ou com prestígio, com predominância do Grenache Noir. Em meio a cerca de 30 AOP, a região cultiva muitas outras cepas.

COMO SÃO OS VINHOS DO VALE DO RHÔNE?

Tintos do norte

Feitos a partir da Syrah, esses tintos possuem cor acentuada e não lhes faltam frescor nem perfumes (amora, framboesa, fumaça, pimenta, violeta, alcaçuz). Podem ser macios e frutados (Crozes-Hermitage) ou potentes, tânicos e de guarda (Cornas, Côte-Rôtie, Hermitage).

Tintos de Côtes-du-Rhône e Côtes-du-Rhône-Villages

Esses vastos AOP produzem grande parte dos vinhos do sul. Pouco ácidos e calorosos, têm como trunfo serem redondos e terem aromas ensolarados de fruta madura e especiarias, além de taninos doces. Os Villages são mais intensos.

Crus do Sul

Mais calorosos que ao norte, feitos de uvas maduras, sobretudo a Grenache, com alto teor de álcool, pouco ácidos e aromáticos (frutas vermelhas cristalizadas, pimenta, alcaçuz, plantas aromáticas). De guarda, os mais conhecidos vêm de Châteauneuf-du-Pape, Gigondas e Lirac.

Vinhos brancos secos

Os mais célebres vêm da pequena AOP Condrieu, no norte do vale. Feitos a partir da cepa Viognier, esses vinhos dourados, voluptuosos e pouco ácidos exalam flores ou damasco. Os outros brancos da região costumam ser menos perfumados, mas ricos em álcool e pouco ácidos.

Rosés

Ainda que muitos sejam pálidos e leves, evocando os da Provence, o Vale do Rhône também produz rosés encorpados como o da AOP Tavel e seus vinhos com coloração, carnudos, com nítidas notas de romã, frutas vermelhas e, às vezes, especiarias.

Vinhos fortificados e os espumantes

Diois produz espumantes doces e perfumados (Clairette de Die), e secos e mais discretos (Crémant de Die). Ao sul, há os vinhos fortificados Muscat de Beaumes de Venise, branco capitoso e perfumado (uva, flor de laranjeira), e Rasteau, um tinto caloroso.

VALE DO RHÔNE

- VIENNE
- Côte-rôtie
- Condrieu
- Saint-Joseph
- Hermitage
- Cornas
- VALENCE
- DIE
- RIO RÓDANO
- MONTÉLIMAR
- Rasteau
- Gigondas
- Vacqueyras
- ORANGE
- Lirac
- Tavel
- Châteauneuf-du-Pape
- AVIGNON
- Ventoux
- NÎMES
- Luberon

Legenda:
- Vale do Rhône Norte
- ▲ AOP
- Vale do Rhône Sul

O norte do vale produz tintos coloridos, tânicos ou mais macios, com aromas de frutas negras, violeta e especiarias. Mais calorosos, os tintos do sul diferem-se por seus taninos doces, aromas ensolarados e, para os de maior reconhecimento, corpo muito potente. Os brancos são generosos, pouco ácidos, perfumados, e os rosés são carnudos e coloridos ou mais pálidos e leves.

COMO É A REGIÃO VINÍCOLA DA ITÁLIA?

Oenotria

1ª produtora mundial

Apelidada pelos gregos antigos de Oenotria, a "terra do vinho", a Itália é um grande país vitícola. Principal produtora mundial junto da França, as vinhas italianas estão espalhadas em todas as regiões da península e das ilhas, sobre 700 mil hectares.

Mar e montanha

Seu clima quente é moderado pelo Mediterrâneo, não muito distante, e pelas montanhas que atravessam a península de norte a sul e de leste a oeste. Os melhores vinhedos ficam situados nas encostas, muitas vezes a grandes altitudes.

Diversidade única de cepas

400 cepas

Sangiovese
Nebbiolo
Montepulciano
Nero d'Avola

Glera
Pinot Grigio
Vermentino

Das cerca de 400 cepas da Itália, as mais conhecidas são as tintas Sangiovese (Toscana), a mais cultivada, Nebbiolo (Piemonte), Montepulciano (Abruzzo, Marcas) e Nero d'Avola (Sicília); e as brancas Glera (Prosecco), Pinot Grigio e Vermentino.

Denominações

Os cerca de 500 vinhedos são delimitados em IGT (IGP na França), DOC e DOCG (compatíveis às AOP). Embora os vinhos mais renomados sejam em DOC ou DOCG (nível mais elevado), alguns IGT podem valer fortunas. A menção Classico indica que um vinho provém da melhor parte do vinhedo.

Estilo italiano

A Itália oferece um formidável leque de vinhos de todos os estilos, mas são os tintos que fazem sua fama. Raramente pesados ou moles, apesar da latitude do país, eles costumam ser frescos, frutados, tânicos e combinam bem com a cozinha italiana.

Moda dos espumantes

Prosecco, Moscato d'Asti, Asti, Lambrusco... A Itália tem feito muito sucesso com seus efervescentes, brancos ou tintos, secos ou doces, muito frutados ou mais discretos. Costumam ser acessíveis, sendo produzidos segundo o método do tanque fechado (método Charmat).

Antigo e grande país do vinho, a Itália é um viveiro excepcional para qualquer apreciador. Há centenas de cepas e denominações de *terroirs* variados, formados por montanhas e mar, e uma diversidade ímpar de vinhos. Embora os mais renomados sejam os vinhos tintos, a Itália também produz espumantes populares, como o Prosecco.

QUAIS SÃO OS PRINCIPAIS VINHOS ITALIANOS?

Chianti e Brunello (Toscana)

Feito da Sangiovese, o Chianti, sobretudo o Classico, é aromático e possui nítida acidez e taninos marcados, às vezes um pouco amargos. O Brunello di Montalcino, feito de uma variante da Sangiovese, é denso, fresco, equilibrado e de grande guarda.

Barolo e Barbaresco (Piemonte)

De pequeno porte, mas de prestígio, essas regiões vinícolas produzem grandes tintos de guarda a partir da Nebbiolo. Muito tânicos, ácidos e intensos quando jovens, eles se suavizam com o tempo e oferecem aromas de ginja, couro e flores murchas.

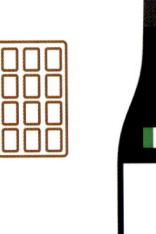

Valpolicella e Amarone (Vêneto)

A oeste do lago de Garda, no Vêneto, é produzido o Valpolicella, um tinto leve, fresco, pouco tânico, com ameixa e cereja, que deve ser bebido jovem. Também é produzido o Amarone, tinto seco feito de uvas secas, capitoso, caloroso, com notas de ameixa ou de chocolate.

Pinot Grigio (Vêneto, Friuli)

Versão italiana do Pinot Gris, esse branco simples e barato, feito sobretudo nas planícies do Vêneto, é muito popular. Pálido e discretamente frutado (cítricos, frutas verdes), é tão leve quanto vibrante. Versões mais ricas em álcool são produzidas em Friuli.

Prosecco (Vêneto)

A moda do spritz fez desse espumante uma estrela mundial. Originário de Vêneto, ele deve seu sucesso ao baixo preço e à simplicidade. Menos vibrante que um Champagne, ele tem a seu favor sua leveza, seu frescor e aromas discretos de flores e frutas verdes e amarelas.

Moscato d'Asti e Asti (Piemonte)

O Moscato d'Asti é um espumante doce do Piemonte que lembra muito suco de fruta. De teor alcoólico baixo (5°-6°), doce e pouco ácido, ele oferece a panóplia de aromas da Moscatel: flor de laranjeira, uva fresca, frutas tropicais. O Asti é um pouco menos doce e mais fresco.

Entre a grande diversidade de vinhos italianos, alguns se tornaram clássicos: o Chianti Classico, Brunello di Montalcino, Barolo e Barbaresco (tintos tânicos e de guarda), o Valpolicella (tinto leve), mas também o Amarone (tinto capitoso). Branco leve e vibrante, o Pinot Grigio é muito popular, como o Prosecco, espumante leve e fácil, e o Moscato d'Asti, repleto de fruta.

COMO É A REGIÃO VINÍCOLA DA ESPANHA?

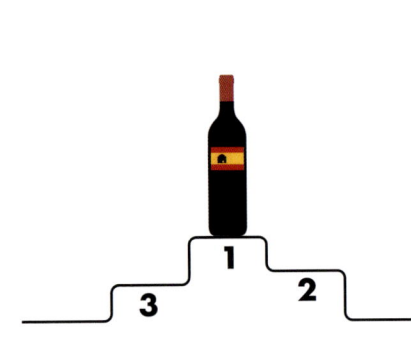

Maior vinhedo do mundo

Com quase 1 milhão de hectares, a Espanha possui o maior vinhedo do mundo. Os melhores *terroirs* ficam sobre o planalto central, a Meseta, e sobre os relevos que o cercam, onde desfrutam de um ar resfriado pela altitude e pelas noites mais frias.

Norte

É onde se encontram as regiões vinícolas renomadas: Rías Baixas (Galícia) e Rueda (Castilla y León), conhecidas por seus brancos; Rioja (Navarra) e Ribera del Duero (Castilla y León) por seus tintos carnudos; Priorat (Catalunha) por seus tintos concentrados; e Penedés por seus vinhos frutados e espumantes (cavas).

Sul

Ensolaradas, essas regiões vinícolas produzem vinhos tintos calorosos (Valdepeñas, Valência, Jumilla), com boa relação custo-benefício, e brancos vibrantes (Castilla-La Mancha). A Andaluzia conservou sua antiga tradição de vinhos fortificados secos (Jerez) ou doces (Málaga).

Denominações

A Espanha produz IGP (Vinos de la Tierra), mas seus melhores vinhos vêm de suas 65 denominações, chamadas DO ou DOCa (Priorat, Rioja) – uma espécie de "superdenominação" –, e de seus Vinos de Pago, menção atribuída a propriedades notáveis.

Menções de envelhecimento

Os rótulos podem ter termos com o tipo de envelhecimento e o estilo do vinho: Joven para frutados que devem ser bebidos jovens; Crianza para mais carnudos e amadeirados; Reserva e Gran Reserva para encorpados longamente envelhecidos em barricas.

Mais de 230 cepas

230 cepas

Tempranillo
Grenache Noir
Bobal
Mourvèdre

Verdejo
Albariño

A Espanha aproveita seu clima ensolarado para produzir principalmente tintos mais carnudos e generosos, a partir de cepas locais como a Tempranillo, Grenache Noir, Bobal ou Mourvèdre. Entre as melhores cepas brancas, estão a Verdejo e a Albariño.

Vitícola gigante, a Espanha é conhecida por seus tintos carnudos e generosos, de clima quente. As melhores denominações (DO e DOCa) estão no norte, e seus *terroirs*, em alta altitude. Além de seus tintos frutados (Joven) ou amadurecidos devagar em barricas (Reserva, Gran Reserva), de cepas locais como a Tempranillo, também assina bons brancos, secos, fortificados e espumantes.

QUAIS SÃO OS PRINCIPAIS VINHOS ESPANHÓIS?

Vinhos tintos de La Rioja

Essa grande região vinícola de Navarra é conhecida por seus vinhos tintos de uvas Tempranillo. Englobam tanto tintos frutados, simples e baratos, quanto vinhos carnudos, pouco ácidos, de taninos doces, com aromas de frutas vermelhas bem maduras, especiarias e carvalho.

Vinhos tintos de Ribera del Duero

Vinhedo de planalto em Castilla y León, seus tintos feitos da Tempranillo são vinhos frutados, a serem bebidos jovens; ou potentes, corpulentos, tânicos, com aromas de frutas negras frescas e carvalho. Envelhecidos em barrica, os melhores são de longa guarda.

Vinhos tintos de Priorat

As espetaculares encostas de Priorat (Catalunha) dão alguns dos vinhos mais potentes e caros do país. Feitos a partir de antigas vinhas (Grenache, Carignan), opulentos e calorosos, eles abundam em aromas de frutas vermelhas cristalizadas, alcaçuz e notas minerais refrescantes.

Jerez

Vinho branco fortificado andaluz, ele existe em diversos estilos. O Fino, envelhecido sob um véu de leveduras, é um branco caloroso, seco, salino, com aromas de massa de pão, nozes e levedura. Envelhecidos ao contato do ar, os Amontillados e os Olorosos, de cor marrom, evocam frutas secas, noz e caramelo.

Vinhos brancos secos de Rueda e Rías Baixas

Rueda assina brancos vibrantes, aromáticos e com notas de ervas frescas, melão e pêssego. Os mais encorpados são envelhecidos em barricas. Rías Baixas é famosa pelos brancos gaseificados, com aromas de cítricos, pêssego e damasco.

Cava

Produzido como o Champagne, mas menos vibrante, esse branco espumante leve é feito a partir de cepas locais (Parellada, Xarel-Lo, Macabeo) e, às vezes, Chardonnay. Oferece aromas de brioche, frutas verdes e amarelas; pode ter toque defumado. A dosagem das cepas varia os estilos, do seco ao doce.

Os tintos de Rioja e de Ribera del Duero são macios e frutados, mas os melhores são carnudos, potentes e de guarda. Priorat, na Catalunha, assina tintos calorosos e concentrados. Rueda e Rías Baixas são conhecidas por seus brancos vibrantes e perfumados, bem diferentes do Jerez, branco fortificado de aromas singulares, e da Cava, branco espumante leve.

COMO É A REGIÃO VINÍCOLA DE PORTUGAL?

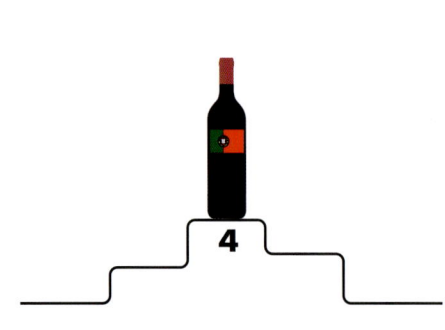

Quarta maior região vinícola da Europa

A tradição vitícola é sólida em Portugal. Apesar de pequena em tamanho, cultiva quase 190 mil hectares de vinhas. É a quarta maior região vinícola da Europa. As vinhas concentram-se no norte do país, mas estão presentes em todas as regiões, até nas ilhas Açores e Madeira.

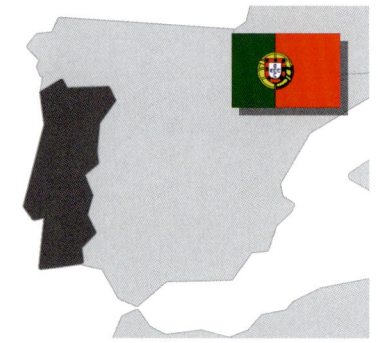

Terroirs variados

O clima é mais fresco ao norte, mais úmido a oeste, mais continental a leste, mais quente e mediterrâneo ao sul, o que favorece a produção de vinhos calorosos. Muitos dos melhores vinhos vêm de zonas montanhosas do norte (Vale do Douro) e do centro (Dão).

Cepas

Portugal cultiva centenas de variedades tintas e brancas, muitas vezes locais e nativas. A Aragonez (Tempranillo), a Touriga Franca e a Touriga Nacional são as cepas tintas mais comuns e produzem muitos dos melhores vinhos do país.

Denominações

Portugal produz alguns vinhos de mesa populares, mas seus melhores vinhos provêm das categorias Vinho Regional (IGP) e sobretudo de seus 31 DOC (Denominação de Origem Controlada), como Porto, Douro, Vinho Verde, Dão ou Bairrada.

Vinhos fortificados de Portugal

Tradição que remonta ao século XVIII, graças aos mercadores que fortificavam seus vinhos com aguardente para as viagens. Assim nasceram o Porto, produzido nas montanhas do Douro, e o Madeira (apenas branco), dois vinhos fortificados potentes de longa guarda.

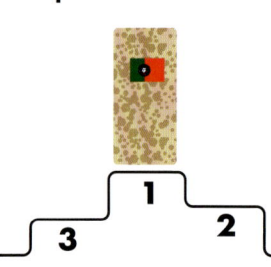

País da cortiça

Além do vinho, a cortiça é outra riqueza nacional. Portugal possui e explora 30% das florestas de sobreiros do mundo, situadas principalmente na região do Alentejo, ao sul. É de longe o maior produtor mundial de rolhas de cortiça.

Além do Porto, Portugal produz uma alegre diversidade de vinhos nem sempre conhecida. Grande região vinícola de *terroirs* variados, às vezes montanhosos, sua riqueza reside na variedade de cepas que originam vinhos característicos, como o Douro, Vinho Verde, Dão ou Bairrada, suas denominações (DOC) mais conhecidas. Portugal também é o maior produtor mundial de rolhas de cortiça.

QUAIS SÃO OS PRINCIPAIS VINHOS PORTUGUESES?

As famílias de Porto

Às vezes branco ou rosé, muitas vezes tinto, o Porto inclui vinhos de idades variadas: jovens (2-3 anos) para o Ruby, envelhecido em barrica; mais velhos (3-40 anos) para o Tawny, envelhecido por mais tempo e exposto ao ar (envelhecimento oxidativo). Existem também Portos originados de só um ano.

Porto Rouge Ruby

Produzido da mistura de vinhos jovens, é o mais comum. Ele se distingue por sua cor rubi-escuro e seus aromas frutados (cereja, cassis, amora) e de especiarias. O Vintage, originado dos melhores anos, é o mais concentrado, o mais tânico, e envelhece por décadas.

Porto Rouge Tawny

Envelhecido por longo tempo em barrica em contato com o ar, que fornece nuances castanhas (ou fulvas, tradução de *tawny*), um nariz evoluído (nozes, caramelo, café) e uma boca doce, calorosa e sedosa. Os melhores apresentam no rótulo 10, 20 ou 40 anos de idade ou uma safra (colheita).

Douro tinto

Originado do mesmo vinhedo e das mesmas cepas que o Porto, esse tinto intenso, colorido e aromático (frutas negras, resina, violeta), muitas vezes envelhecido em barricas, é equilibrado, dotado de taninos potentes e bem maduros, e com frescor. Os melhores são de guarda.

Dão e Alentejo tintos

Embora produza bons brancos, a DOC Dão, no centro do país, é famosa pelos tintos frutados, firmes, encorpados e condimentados. A DOC Alentejo, região quente e seca do sul, em plena expansão, assina vinhos solares, carnudos, suaves, cheios de frutas maduras, muitas vezes com boa relação custo-benefício.

Vinho Verde branco

Essa DOC do noroeste produz vinhos vibrantes e leves, dos três tipos. Os brancos são gaseificados, frutados (limão, maçã verde), às vezes levemente frisantes. Certas sub-regiões (Monção) oferecem versões mais carnudas, frescas, florais e frutadas (frutas amarelas).

O Porto, vinho fortificado doce e capitoso, tem dois estilos: jovem (Ruby) ou envelhecido (Tawny). O mesmo vinhedo dá o Douro, um tinto seco, carnudo, robusto e perfumado. No centro, o Dão, tinto, firme e fresco, tem boa reputação. Ao sul, há bons Alentejos tintos, redondos e solares, que contrastam com os Vinhos Verdes, brancos vibrantes do norte, sem esquecer o Madeira, vinho branco fortificado.

COMO É A REGIÃO VINÍCOLA DA ALEMANHA?

País da Riesling

Grande país vitícola na Idade Média, a Alemanha possui um vinhedo de 100 mil hectares concentrado no quadrante sudoeste do país, onde o clima é mais ameno. Seus vinhos mais célebres são os brancos feitos a partir da Riesling, a grande cepa nacional.

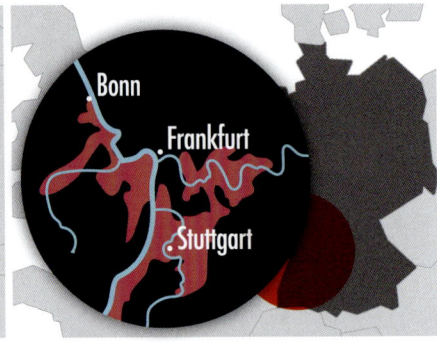

Vales e encostas

O clima fresco da Alemanha exige que se escolha com cuidado a posição dos vinhedos. A maior parte está ao longo do rio Reno e seus afluentes. E as melhores parcelas ficam em encostas às vezes vertiginosas, orientadas para o sul, para receber o máximo de insolação.

Cepas

As cepas brancas ocupam dois terços do vinhedo, sendo a Riesling a mais cultivada e renomada, à frente da Müller-Thurgau, da Pinot Blanc e da Pinot Gris. A Alemanha tem produzido cada vez mais vinhos tintos de cepas de clima frio como a Pinot Noir.

Denominações

O país conta com 13 regiões, IGPs (Landwein) e 2 categorias superiores (QbA e a mais específica QmP). As regiões de Rheinhessen, Palatinado e Baden possuem os maiores vinhedos, mas as mais renomadas são as regiões de Mosel e Rheingau, por seus Rieslings, secos ou doces.

Secos ou doces

Muitos brancos são *moelleux* ou licorosos. Nos rótulos, o grau de doçura, do mais seco ao mais doce, vem indicado pelas menções Kabinett, Spätlese, Auslese, Beerenauslese, Trockenbeerenauslese e Eiswein. O termo Trocken é reservado aos vinhos secos.

VDP

São as iniciais de uma associação privada, a Verband Deutscher Prädikats, que reúne duzentos dos produtores mais renomados da Alemanha. O logo aparece nas garrafas de seus associados.

A Alemanha tem um vinhedo de 100 mil hectares concentrado no sudoeste do país e dividido em 13 regiões. Conhecido por seus brancos secos ou doces feitos da Riesling, proveniente das regiões de Mosel ou de Rheingau, o país tem produzido cada vez mais vinhos tintos. Os melhores vinhos provêm de parcelas em encostas e trazem o logo da Associação VDP, que reúne os melhores produtores.

QUAIS SÃO OS PRINCIPAIS VINHOS ALEMÃES?

Rieslings secos

Não amadeirados, os Rieslings secos oferecem aromas frescos de cítricos, maçã verde, flores brancas com nuances às vezes minerais. Fluidos e leves, são vinhos vibrantes, e os melhores trazem sensação particular de pureza.

Rieslings *moelleux*

Muitos Rieslings alemães são ligeiramente doces. Vibrantes ao nariz (cítricos, frutas verdes, flores brancas, pêssego) e leves na boca, têm doçura discreta que atenua sua forte acidez e trazem sensação de um doce frutado.

Rieslings licorosos

Esses grandes brancos de longa guarda (Rheingau, Mosel) são feitos de uvas botritizadas ou colhidas no inverno (Eiswein). São potentes, repletos de açúcar e de aromas muito maduros (pêssego, damasco, uva, mel), pouco alcoólicos, e sua forte acidez dá frescor e um belo equilíbrio à bebida.

Vinhos brancos da Müller-Thurgau

Muito cultivada, a cepa Müller-Thurgau dá vinhos leves, simples, menos intensos e vibrantes que os Rieslings, com aromas discretos de frutas amarelas, flores, às vezes um pouco almiscarados (almíscar, rosa). Envelhecidos em tanques, devem ser bebidos jovens.

Vinhos tintos da Pinot Noir

A maior parte deles é pálida, leve, fresca, frutada. Alguns potentes são produzidos nas regiões mais quentes de Baden e Palatinado. Mais coloridos, muitas vezes envelhecidos em barricas, são carnudos, frutados, condimentados e têm potencial de envelhecimento.

Vinhos tintos da Dornfelder

Cepa comum de Palatinado e Rheinhessen, a Dornfelder gera tintos secos (às vezes mais doces), coloridos, frescos, tânicos, com perfumes de ginja ou amora. Os envelhecidos em tanques devem ser bebidos jovens; os em barrica são mais potentes e de guarda.

Com a Riesling se produzem brancos secos e *moelleux* vibrantes e finos, com aromas de frutas frescas e flores. Dela também são extraídos grandes vinhos licorosos, concentrados, elegantes e aromáticos. Os brancos feitos a partir da Müller-Thurgau são macios e leves. Os melhores vinhos tintos provêm da Pinot Noir, vinhos leves ou mais carnudos, e da Dornfelder, mais tânica, fresca e perfumada.

HÁ OUTRAS REGIÕES VINÍCOLAS EUROPEIAS?

Áustria

A região vinícola austríaca, pequena, mas de muita qualidade, produz vinhos notáveis: brancos secos minerais, da Riesling ou da Grüner-Veltliner (Wachau, Kamptal), brancos vibrantes e perfumados feitos a partir da Sauvignon (Estíria), grandes brancos licorosos e tintos elegantes (Burgenland).

Suíça

Privilegia a Chasselas (brancos macios e discretos), a Pinot Noir e a Gamay (tintos leves e frutados). Porém, vinhos mais intensos também são produzidos no Valais: brancos doces intensos de Petite Arvine, tintos potentes das cepas Humagne, Syrah ou Cornalin.

Grécia

A Grécia mantém viva sua antiga tradição vitícola com o Retsina, que exala a resina de pinheiro, e seus Moscatéis doces. Também oferece belos brancos secos frescos e perfumados (Mantinia, Cefalônia), brancos minerais (Santorini), tintos tânicos (Naoussa) ou calorosos (Nemea).

Chipre

A ilha perpetua sua tradição de vinhos brancos doces há 2.800 anos. O Commandaria, vinho fortificado potente, nasce nos flancos dos Montes Troodos. Feito de uvas secas tintas e brancas, é ambarado, perfumado (frutas secas, caramelo, casca de laranja, defumado), untuoso e de longa guarda.

Hungria

Produz bons vinhos tintos em Eger e Villány, mas seu vinho mais célebre é um branco doce, o Tokaji Aszú, feito de uvas botritizadas. Untuoso, com aromas intensos de marmelo, casca de laranja, mel e caramelo, ele é também muito fresco, puro e de longa guarda.

Croácia

Desconhecida, a região vinícola croata tem charme e variedade. No nordeste croata são produzidos sobretudo vinhos brancos frescos de cepas locais, enquanto os vinhedos da costa adriática e das ilhas dão tintos elegantes (Terat) ou robustos (Plavac Mali).

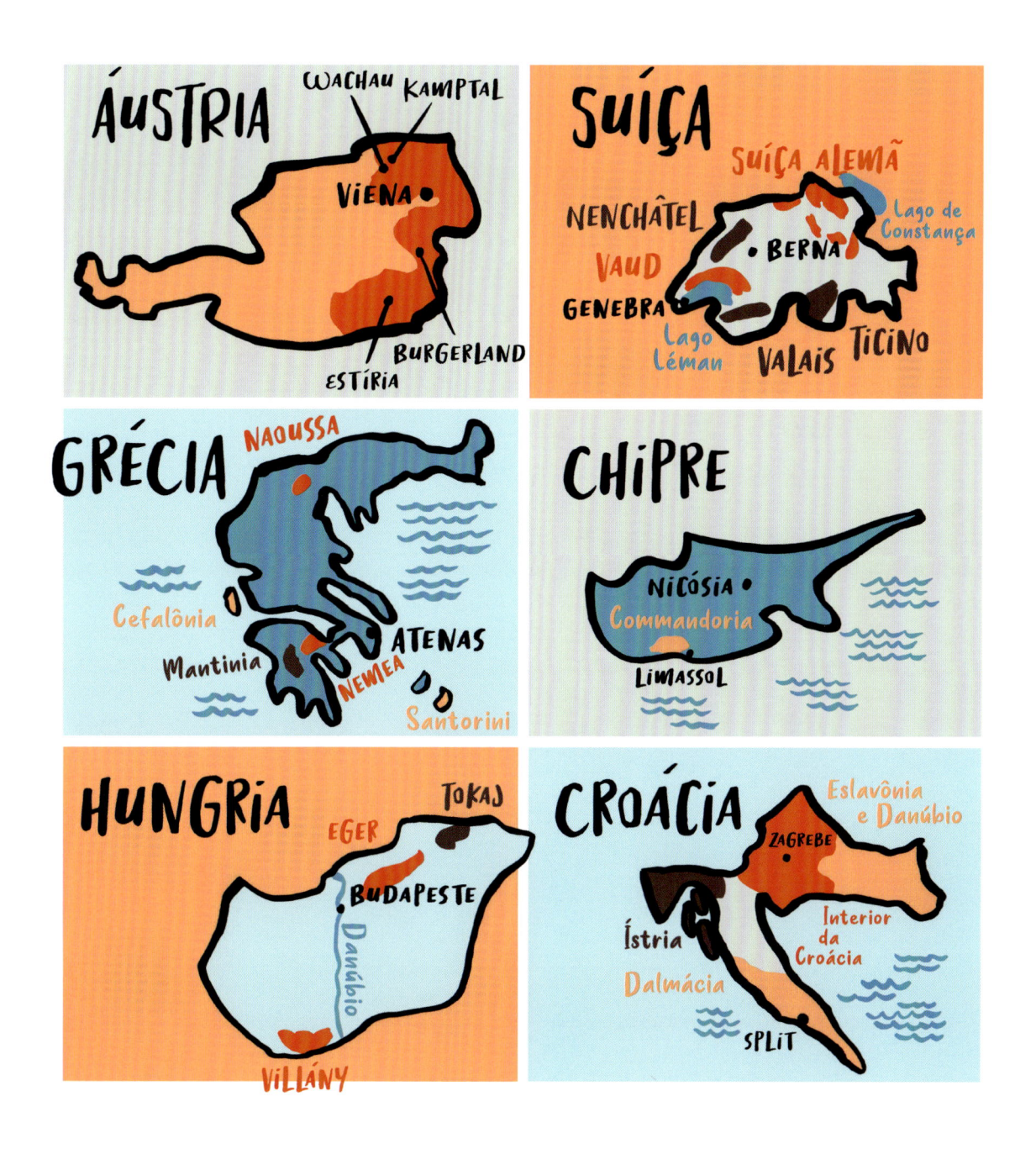

A maioria dos países europeus é produtora de vinho. Além dos já mencionados, os principais são Chipre e Hungria, que se distinguem pelos renomados vinhos de sobremesa, a Grécia, a Áustria e a Croácia por seus brancos geralmente frescos e seus tintos de caráter, elegantes ou robustos, e a Suíça, que produz principalmente vinhos leves e frutados.

COMO É A REGIÃO VINÍCOLA DA AMÉRICA DO NORTE?

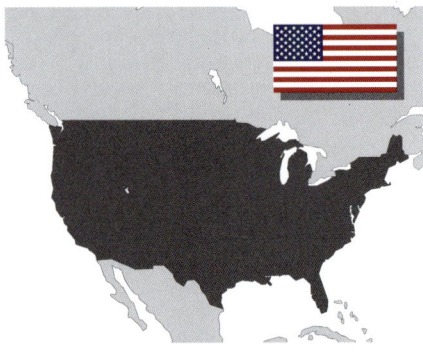

Estados Unidos

Foi nos anos 1970 que os Estados Unidos se apaixonaram pela vinha, a ponto de se tornarem o quarto maior produtor mundial e maior mercado de vinhos do mundo. Todos os estados, em especial a Califórnia, produzem vinhos, inclusive o Alasca.

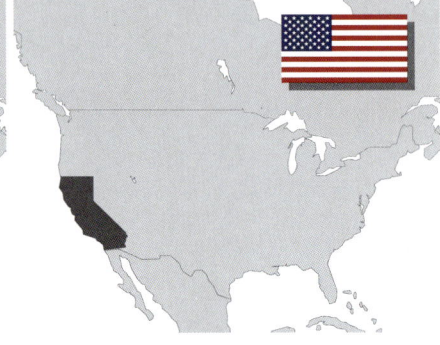

Califórnia

Produz 90% dos vinhos do país. A maioria vem do Vale Central, região quente do interior, mas os melhores – que costumam ser caros – saem de regiões mais próximas do litoral. Hoje algumas delas se tornaram célebres, como Napa Valley e Sonoma Valley.

Vinhos tintos da Califórnia

Cabernet Sauvignon
Merlot
Zinfandel

Ensolarados e dotados de taninos doces, são acessíveis. Os Cabernet Sauvignon de Napa Valley, aveludados e repletos de frutas maduras, são os mais conhecidos, mas também há vinhos carnudos Merlot e capitosos tintos Zinfandel.

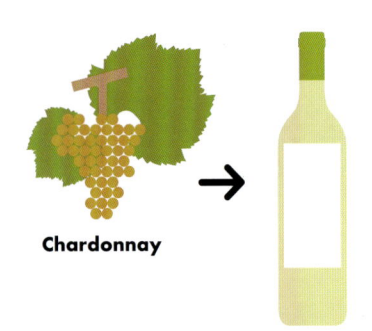

Vinhos brancos da Califórnia

Chardonnay

Ainda que explore bem outras variedades, a Califórnia é a região vinícola que mais possui Chardonnay no mundo. Existem vários estilos na região: desde vinhos "fáceis" de beber, de aromas exóticos e abaunilhados, até vinhos mais elegantes, frescos e amadeirados.

Outros estados

Oregon — Pinot Noir
Washington — Cabernet Sauvignon, Merlot e Syrah
Nova York — Riesling

Três outros estados produzem vinhos de qualidade: o Oregon, conhecido por seus Pinots Noirs elegantes e mais carnudos que os da Borgonha; Washington, por seus tintos intensos à base de Cabernet Sauvignon, Merlot e Syrah; e Nova York, por seus vinhos brancos vibrantes feitos de Riesling.

Canadá

De porte modesto (essencialmente na Columbia Britânica e em Ontário), a região é conhecida por seu *icewine* feito de uvas congeladas, um branco doce concentrado e muito fresco com aromas intensos. Também são produzidos bons tintos encorpados em Okanagan Valley, na Columbia Britânica.

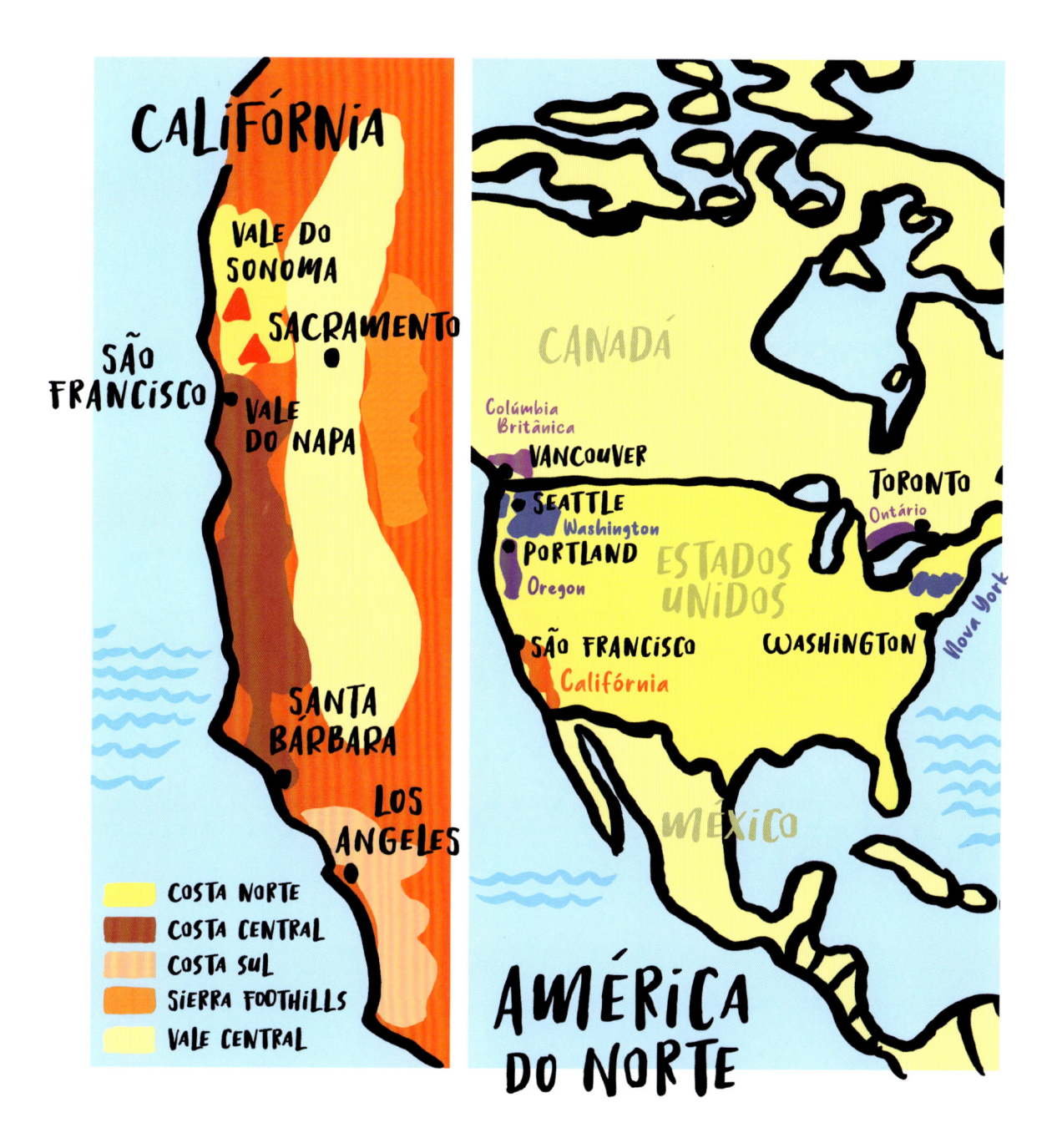

Os vinhos norte-americanos vêm essencialmente dos Estados Unidos, em especial da Califórnia. Os brancos Chardonnay e os tintos Cabernet Sauvignon, provenientes dos melhores vinhedos (Napa Valley, Sonoma) dessa grande região, são referências. Também bons vinhos são produzidos em outros estados norte-americanos (Oregon, Washington, Nova York) e no Canadá, terra do *icewine*.

COMO É A REGIÃO VINÍCOLA DA AMÉRICA DO SUL?

Região vinícola chilena

Em estreita e ensolarada faixa entre o Pacífico e os Andes, ficou conhecida nos anos 1990 por seus vinhos frutados de ótimo custo-benefício. Desde então, vem produzindo também grandes vinhos em seus melhores vinhedos, sobretudo os do Vale Central (Colchagua, Maipo).

Vinhos tintos chilenos

Muitas vezes à base de Cabernet Sauvignon, Merlot ou Carménère, os tintos são frutados, carnudos, dotados de taninos potentes, mas doces, e de aromas intensos de cereja negra, amora, mentol, vegetal ou carvalho. Os mais apreciados vêm dos vales de Maipo e Colchagua.

Vinhos brancos chilenos

Muitos são feitos a partir da Chardonnay, que dá origem a vinhos redondos, pouco ácidos, com aromas generosos de frutas tropicais e, às vezes, carvalho. As regiões costeiras produzem vinhos mais vibrantes, frescos e muito perfumados, como bons Sauvignons Blancs.

Região vinícola argentina

Seu amplo vinhedo fica sobre os planaltos dos Andes a 3 mil metros de altitude na região de Salta, e a região de Mendoza é considerada o pulmão vitícola do país. Os dias quentes e as noites frias resultam em vinhos maduros, encorpados, mas bem equilibrados.

Vinhos tintos argentinos

A Argentina produz bons brancos da Chardonnay ou da Torrontés, mas foram os tintos Malbec que fizeram seu sucesso: vinhos coloridos, carnudos, aromáticos e dotados de taninos bem maduros. Vinhos mais frescos e florais são produzidos em vinhedos de planaltos.

Outros países

O Brasil também converteu-se à viticultura, sobretudo o Sul do país, na zona montanhosa da Serra Gaúcha, conhecida por seus espumantes. Já o Uruguai é conhecido por seus tintos tânicos feitos a partir da Tannat, enquanto a produção na Bolívia, Peru e Colômbia se manteve secundária.

O Chile e a Argentina são os dois grandes países vitícolas da América do Sul. Graças a seu clima quente e seco, moderado pela Cordilheira dos Andes e pelo Pacífico, eles produzem vinhos tintos generosos à base de cepas bordalesas (Chile) ou Malbec (Argentina), e vinhos brancos mais raros. Vinhos mais exclusivos são produzidos em alguns outros países.

COMO É A REGIÃO VINÍCOLA DA OCEANIA?

Austrália

Região vinícola concentra-se no sudeste, entre Adelaide e Sydney, e ao sudoeste, em torno de Perth. O calor da região é sentido nos vinhos, muitas vezes maduros e capitosos. Os vitivinicultores também exploram zonas mais frescas próximas das costas, a altas altitudes ou na ilha da Tasmânia.

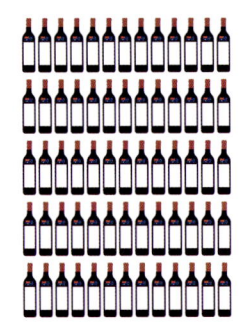

Grandes marcas e grandes vinhos

A Austrália se destaca pelos vinhos de marca, feitos em escala industrial, frutados, fáceis e com preços acessíveis. Ela também oferece grandes vinhos: Cabernet Sauvignon de Margaret River, Sémillon de Hunter Valley, Riesling de Clare Valley e Shiraz de Barossa Valley.

País da Shiraz

Principal cepa do país, a Shiraz (Syrah) dá à Austrália seus tintos mais famosos, como os de Barossa Valley. Muito maduros, carnudos, repletos de sol e de perfumes (frutas negras cozidas, especiarias, eucalipto), eles oferecem uma sensação rica e capitosa.

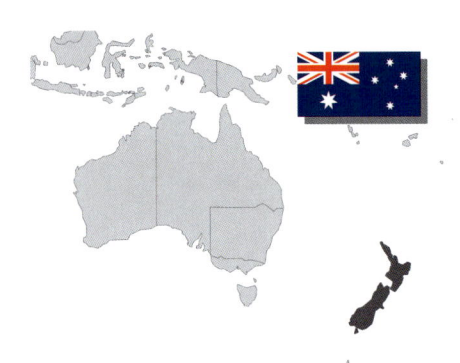

Nova Zelândia

Ótimos vinhos são produzidos na Ilha Norte (em Hawke's Bay), mas o coração da região vinícola situa-se na Ilha do Sul, que desfruta de clima fresco e ensolarado. Ali brilham a Sauvignon Blanc e a Pinot Noir, com reputação que ultrapassou fronteiras.

Sauvignon Blanc de Marlborough

Emblemática do país, a Sauvignon Blanc produz 75% dos vinhos neozelandeses. A maioria vem de Marlborough, a grande região vinícola da Ilha do Sul, e conquistou o mundo com sua expressividade (cítricos, maracujá, ervas frescas), frescor e leveza.

Pinot Noir da Nova Zelândia

O país produz alguns dos melhores tintos de Pinot Noir do mundo. São vinhos frescos, frutados, aromáticos (morango, cereja), muitas vezes um pouco amadeirados e de taninos doces. Os mais renomados vêm de Otago (Ilha do Sul), região vinícola mais meridional do mundo.

Os dois grandes países vitícolas da Oceania, Austrália e Nova Zelândia, oferecem vinhos muito diferentes. O primeiro aproveita seu clima quente para produzir vinhos ricos e maduros, entre eles seus célebres e generosos tintos feitos a partir da Shiraz (Syrah). Já o segundo se vale do frescor climático para produzir vinhos gaseificados e perfumados, com a emblemática Sauvignon Blanc.

COMO É A REGIÃO VINÍCOLA DA ÁFRICA?

África do Sul

Vitícola desde o século XVIII, a África do Sul explora um grande e belo vinhedo situado na região do Cabo, que modera os fortes calores estivais vindos do mar. Desde o fim do *apartheid*, o país exporta com sucesso vinhos conhecidos por sua boa relação custo-benefício.

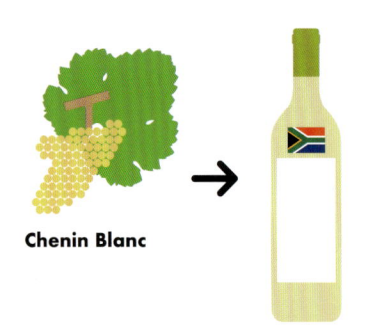

Chenin Blanc

Cepa mais cultivada na África do Sul, ela apresenta boa acidez, inclusive nos vinhedos muito quentes. Produz tanto brancos simples e frutados (pêssego, frutas tropicais), secos ou doces, quanto vinhos de alta qualidade, carnudos, sempre frescos e, às vezes, amadeirados.

Pinotage

Taninos doces, redondos, aromas intensos de frutas vermelhas e preço acessível: esses são alguns dos trunfos da Pinotage, cepa tinta tipicamente sul-africana. Existem várias versões encorpadas e condimentadas produzidas de vinhas antigas.

Stellenbosch e a Cabernet Sauvignon

A região montanhosa é o coração vitícola do país, onde há muitos dos melhores produtores e excelentes vinhos tintos da Cabernet Sauvignon. São vinhos coloridos, tânicos, com aromas intensos de frutas negras e mentol, têm ótimo potencial de guarda.

Vin de Constance

Já muito célebre no século XVIII, esse lendário vinho originado no sul da Cidade do Cabo teria consolado Napoleão em Santa Helena. Feito da cepa Muscat e envelhecido em barrica, esse branco doce, untuoso, encorpado e de longa guarda tem aromas de marmelo, laranja cristalizada e pão de mel.

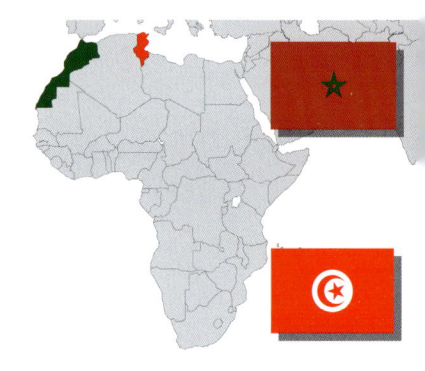

Outras regiões vinícolas

Embora menos populares que no passado, bons vinhos nascem no Magrebe, sobretudo no Marrocos e na Tunísia. O sol ajuda na produção de tintos carnudos, potentes, com teor alcoólico generoso e rosés capitosos (Marrocos) e Muscats aromáticos (Tunísia).

ÁFRICA DO SUL

- Rio Olifants
- Região Costeira
- Vale do Rio Breede
- Klein Karoo
- Cidade do Cabo
- Constantia
- Stellenbosch
- Costa do Cabo Sul

O clima africano é quente demais para a vinha, que, no entanto, encontrou refúgio no norte, no Magrebe, e sobretudo no sul, na África do Sul. Esse grande país vitícola conseguiu conquistar fãs para seus vinhos muitas vezes baratos e repletos de sol. A África do Sul oferece bons brancos, tintos frutados (Pinotage) ou tânicos (Cabernet Sauvignon), e um vinho de sobremesa lendário, o Vin de Constance.

COMO É A REGIÃO VINÍCOLA DA ÁSIA?

Vinhos do Líbano e de Israel

O Oriente Médio conservou bem viva sua milenar tradição vitícola. Perto de Jerusalém, na Galileia, e na planície de Bekaa, no Líbano, são produzidos bons vinhos tintos carnudos e ensolarados a partir de cepas europeias.

Turquia

Grande produtora de vinho de mesa, a Turquia entrou timidamente na produção de vinhos. Atualmente ela oferece bons brancos perfumados e gaseificados na Capadócia, bem como tintos de caráter forte feitos de cepas locais dos vinhedos do oeste do país.

China

Por muito tempo indiferente ao vinho, o país apaixonou-se recentemente pela viticultura, a ponto de se tornar um dos maiores produtores do mundo. Foram plantados vinhedos impressionantes no norte e no centro do país, originalmente com cepas europeias.

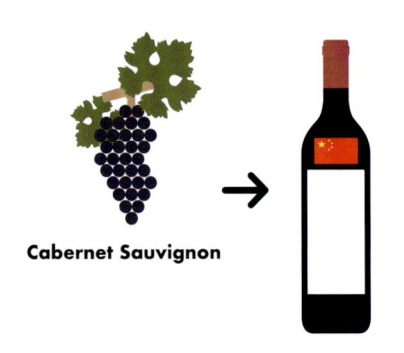

Vinhos tintos chineses

Influenciada por Bordeaux, a China plantou muitas cepas bordalesas (Cabernet Sauvignon, principalmente). Ela produz tintos coloridos, frescos, tânicos e com frutas negras e pimentão – os melhores conseguem rivalizar com certos vinhos de Bordeaux.

Japão

Embora o Japão não seja um grande país de vinhos, os viticultores têm se esforçado desde o século XIX para cultivar um pequeno vinhedo em um clima úmido e difícil. Em Honshu, perto do Monte Fuji, é produzido vinho branco delicado, de aromas finos e florais, a partir da cepa local Koshu.

Índia

Nos anos 2000, um produtor indiano instalado no estado de Maharashtra surpreendeu o mundo ao produzir um bom Sauvignon Blanc. Ainda que a viticultura indiana permaneça pequena, outros produtores se aventuraram a plantar cepas europeias.

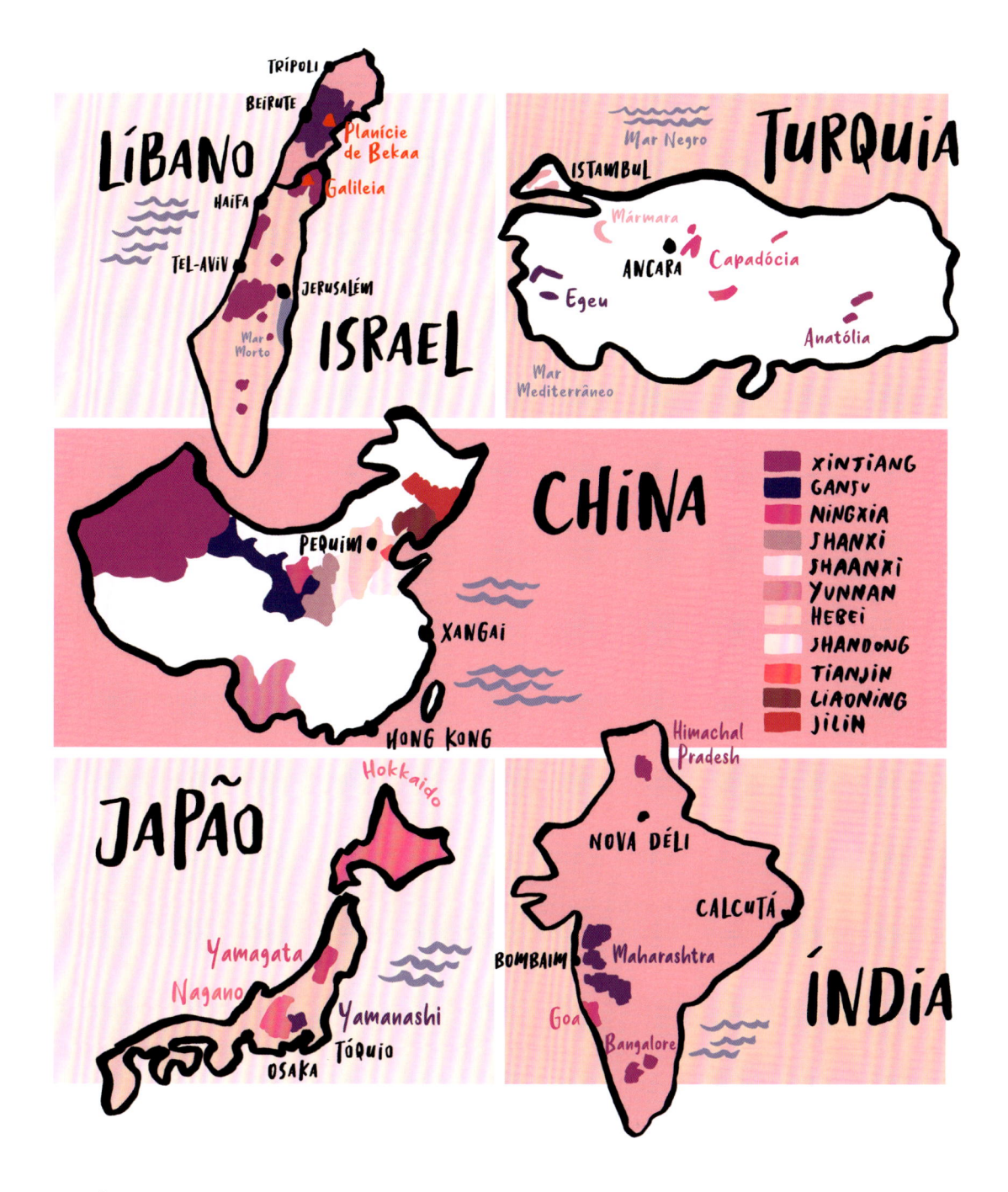

Nos últimos tempos, o vinho conquistou novos consumidores no continente, mas a produção permanece limitada. Contudo, no Oriente Médio, terra antiga em produção de vinhos, Israel, Líbano e Turquia oferecem rótulos dignos de interesse. Mais a leste, enquanto Japão e Índia têm uma produção modesta, a China se tornou um grande país vitícola, produzindo vinhos tintos de bom nível inspirados no Bordeaux.

ÍNDICE REMISSIVO

A
Abouriou: 180
Abrolhamento: 34
Abruzzo: 192
Acescência: 110
Acidez: 12, 20, 21, 24, 26, 28, 34, 52, 54, 58, 59, 80, 93, 104, 105, 108, 112, 138, 144, 150, 164, 174, 178, 180, 186, 194, 206, 216
Ácido málico: 52
Açúcar: 12, 13, 18, 19, 26, 28, 32, 34, 36, 40, 41, 50, 52, 54-56, 58-65, 80, 104, 105, 133, 142, 144, 150, 166, 182, 206
Açúcares residuais: 50, 62
Adega de vinificação: 38, 40, 42, 43, 54, 72, 110
Adega: 86, 88-90
África do Sul: 14, 16, 24, 216, 217
África: 16, 17, 216
Água: 12, 13, 18, 20, 26, 27, 30, 32, 34, 36, 62, 80, 104, 118, 119, 122
Aguardente: 64, 65, 170, 200
Ajaccio: 176, 178
Albariño: 196
Álcool: 12, 13, 40, 41, 52-56, 59, 60, 62-65, 74, 80, 104, 116, 128, 190, 194
Alcoólico (teor): 24, 28, 74, 75, 104, 116, 187, 190, 194, 216
Alemanha: 28, 36, 60, 62, 90, 132, 144, 204, 205
Alentejo: 200, 202, 203
Alergênico: 74
Aligoté: 152
Alsácia, Grand Cru: 126, 148
Alsácia: 20, 24, 90, 108, 112, 124, 126, 130, 132, 144, 148, 150, 151
Altesse: 168
Amarelo (vinho): 112, 130, 168-171
América do Norte: 210
América do Sul: 16, 212, 213
Andaluzia: 196
Ânforas: 14, 42, 44, 48
Anjou: 106, 184-186
AOP (Appellation d'Origine Protégée): 74, 78, 79
Aplicativos de celular: 70, 71
Aragonez: 200
Arbois: 168
Argentina: 16, 212, 213
Armagnac: 64
Aromas: 12, 13, 18, 19, 22, 24, 27, 28, 34, 36, 40, 41, 42, 44, 45, 50, 52-54, 56, 58, 60, 62-64, 80, 82, 84, 92, 94, 95, 100-106, 108, 110-112, 114, 120-123, 127, 134, 136, 138, 142, 146, 150, 152, 154, 155, 158, 160, 162, 164, 166, 167, 170, 174, 178, 182, 186, 190, 191, 194, 198, 199, 202, 206-208, 210, 212, 216, 218
Ásia: 14, 16, 17, 218
Aspecto visual: ver Cor do vinho
Asti: 60, 192, 194
Auslese: 204
Austrália: 16, 214, 215
Áustria: 62, 208, 209

B
Baden: 204, 206
Baga de uva: 18
Bagaço: 52
Bairrada: 200, 201
Bandol: 128, 146, 176, 178
Banyuls: 22, 64, 116, 130, 132, 144, 174
Barbaresco: 194, 195
Bardolino: 106
Barolo: 194, 195
Barossa Valley: 214
Barricas: ver Barris
Barris: 38, 42, 44, 52, 54, 56, 62, 64, 66, 76, 77, 90, 98, 100, 102, 108, 140, 154, 158, 170, 196-198, 202, 206, 216
Base (vinho): 58
Baux-de-Provence: 176
Beaujolais Nouveau: 42, 152-155
Beaujolais: 20, 90, 106, 114, 124, 126, 134, 146, 152-154
Beaujolais-Villages: 152-154
Beaune: 160, 162
Beerenauslese: 204
Bekaa: 218
Bellet: 176
Bergerac: 128, 180, 182
Bergeron: 168
Biodinâmica: 72
Biodyvin: 72
***Blanc de blancs*:** 124, 142, 166
***Blanc de noirs*:** 54, 142, 166, 167
Blanquette de Limoux: 132, 142
Blayais 156
Bobal: 196
Bolhas: ver Espumantes
Bolívia: 212
Bomba a vácuo: 84, 85
Bonnezeaux: 184, 186
Bordeaux (branco): 124, 126, 140, 158
Bordeaux (tinto): 22, 106, 112, 128, 134
Bordeaux Clairet: 108, 146, 158
Bordeaux Supérieur: 156, 159
Bordeaux: 20, 86, 90, 92, 106, 108, 126, 146, 156, 158, 218, 219
Borgonha (brancos): 24, 54, 80, 108, 126, 128, 130, 134, 140, 152, 168
Borgonha (região vitícola): 22, 28, 86, 90, 92, 160-162
Borgonha (tintos): 106, 124, 128, 154, 155
Borras: 54, 102, 184
***Botrytis cinerea*:** 62
Bourgogne-Côte Chalonnaise: 162
Bourgeais: 156
Bourgueil: 106, 124, 184, 186
Brancos (vinhos): 12, 16, 24, 25, 28, 29, 36, 46, 50, 51, 54-56, 61, 63-65, 80, 98, 98, 99, 102, 108, 109, 116, 124-133, 138, 140, 148, 158
Brancos doces (vinhos): 62, 98, 108, 116, 117, 124, 144, 182, 184, 186, 204, 206, 208, 210
Brasil: 212
Braucol: 180
***Brettanomyces*:** 110
Brouilly: 152, 154
Brunello di Montalcino: 194, 195
Buzet: 180, 182

C
Cabernet d'Anjou: 108, 186
Cabernet Franc: 134, 156, 184-187
Cabernet Sauvignon: 22, 80, 156-158, 172, 174, 180, 210-212, 214, 216-218
Cahors: 106, 128, 136, 180, 182
Califórnia: 210, 211
Canadá: 16, 62, 210
Capadócia: 218
Carignan: 172, 198
Carménère: 212

Carvalho: 44, 45
Casca: 18, 50, 52-58, 62, 64, 98
Cassis: 140, 176, 178
Castilla y León: 196, 198
Castilla-La Mancha: 196
Catalunha: 196, 198, 199
Cava: 124, 142, 196, 198, 199
Cavista: 66, 68-71
Cefalônia: 208
Cepas: 20-24, 32, 34, 54, 56, 58, 76, 78, 92, 100
Cérons: 158
Chablis: 78, 124, 126, 130, 160
Chablisien: 160, 162, 163
Chambertin: 162
Champagne: 58-60, 66, 90, 91, 108, 114, 116, 126, 130, 132, 142, 164-167, 198
Chardonnay: 24, 25, 92, 108, 130, 138, 152-154, 160, 162-166, 168-170, 172, 174, 198, 210-212
Charmat (método): 60, 192
Chasselas: 208
Château-Chalon: 168, 170
Châteauneuf-du-Pape: 66, 128, 140, 188, 190
Chénas: 152, 154
Chenin Blanc: 24, 25, 108, 130, 184-186, 216
Cheverny: 184, 186
Chianti: 194, 195
Chile: 16, 28, 212, 213
China: 16, 218, 219
Chinon: 184, 186
Chipre: 208, 209
Chiroubles: 152
Cinsault: 176
Clairette de Die: 132, 142, 190
Clairette: 176
Clare Valley: 214
Clima: 26, 28-30
Climats **borgonheses:** 160, 161
Clos de Vougeot: 160
Colagem (ou Clarificação): 52, 55, 72
Colchagua: 212
Colheita: 28, 32, 34-37, 76, 172, 202
Collioure: 172
Colombard: 138
Colômbia: 212
Columbia Britânica: 210

Commandaria: 208
Condrieu: 188, 190
Conhaque: 64
Conservação: 49, 82-84, 86, 88, 90
Constance, Vin de (ou Constantia): 216, 217
Cor do vinho: 18, 50-53, 56, 80, 96, 98, 99, 122
Corbières Boutenac: 172
Corbières: 172
Cornalin: 208
Cornas: 106, 136, 190
Córsega: 126, 176, 178
Cortiça: 48, 82, 110, 200, 201
Corton-Charlemagne: 162
Côte Chalonnaise: 160, 162, 163
Côte de Beaune: 160, 162
Côte de Brouilly: 152
Côte de Nuits: 160, 162
Côte des Bar: 164
Côte des Blancs: 164
Côte Roannaise: 184, 186
Coteaux du Layon: 62, 132, 144, 184, 186
Coteaux du Lyonnais: 152
Coteaux Varois: 176
Coteaux-d'Aix-en-Provence: 176
Côte-Rôtie: 106, 128, 188, 190
Côtes d'Auvergne: 184, 186
Côtes de Gascogne: 126, 130, 132, 144, 180, 182
Côtes de Provence: 106, 128, 176, 177
Côtes du Forez: 184
Côtes du Jura: 168
Côtes du Marmandais: 180, 182
Côtes-du-Rhône: 106, 114, 124, 128, 188, 190
Côtes-du-Rhône-Villages: 188, 190
Crémant d'Alsace: 148
Crémant de Bordeaux: 156-158
Crémant de Die: 190
Crémant de Limoux: 174
Crémant de Loire: 186
Crémant de Savoie: 168
Crémant du Jura: 168
Crémant: 56, 59, 60, 114, 124, 132, 142, 156-159, 168, 169, 174
Crioextração: 62
Croácia: 208, 209
Crozes-Hermitage: 124, 190

Crus Classés de Bordeaux: 136, 156
Crus do Beaujolais: 152-154

D

Dão: 200-203
Débourbage: 54
Decanter: 120
Defeitos do vinho: 110
Dégorgement: 58
Degustação: 70, 94, 95, 98, 100-112, 116, 118
Demeter: 72
Depósitos: 96, 120
Descuba: 52
Desengace: 18, 38, 52
Diois: 188, 190
DOC: 192, 200-202
Doces naturais (vinhos): ver Fortificados (vinhos)
DOCG: 192
Dornfelder: 206, 207
Dosagem: 58, 166, 167
Douro: 200-203
Duras: 180

E

Eger: 208
Eiswein: ver Vinhos de gelo
Engaço: 18, 19
Engarrafamento: 38, 52, 54, 56, 58, 60, 62, 96
Entre-Deux-Mers: 130, 156-158
Envelhecimento: 38, 42, 43, 48, 52, 54, 58, 64, 80, 82, 86, 88, 92, 98-101, 155, 159, 166, 196, 202, 206
Enxerto: 32
Enxofre (sulfito): 46, 47, 72, 74, 76, 110
Enxofre (vinhos sem): 72, 76, 82, 84
Esgotamento: 54
Esmagamento: 38, 52, 66
Espanha: 16, 22, 64, 172, 196-198
Espumante: 40, 50, 56, 58-60, 80, 84, 96, 106, 108, 116, 120, 124, 130, 132, 142, 164, 166, 182, 186, 190, 192, 194, 198
Estados Unidos: 16, 210, 211
Esteiras de palha: 62
Etiquetas: 70, 71
Exposições: 68

221

F

Faugères: 172
Feiras de vinhos: 68, 69
Fer Servadou: 180
Fermentação malolática: 52, 54, 100, 102
Fermentação: 12, 18, 40, 41, 46, 50, 52-54, 56, 58, 60-65, 100, 101, 110, 182, 184
Filoxera: 32
Filtragem: 38, 52, 54-56, 61, 76, 96
Fleurie: 152, 154
Floração: 34
Fortificação: 64, 65, 106
Fortificados (vinhos): 64, 65, 81, 98, 106, 116, 124, 130, 132, 133, 144, 170, 172, 174-176, 178, 190, 196-198, 200, 203, 208
França: 16, 156, 157, 172, 173
France (*vins de*): 78, 79
Friuli: 194
Fronton: 180, 182

G

Gaillac: 144, 180, 182
Galícia: 196
Galileia: 218
Gamay: 106, 130, 134, 152-154, 168, 170, 171, 184-187, 208
Garrafa (aberta): 84, 85
Garrafa (adega): 86-88
Garrafa (formatos): 90
Garrafão de vidro: 64
Gás carbônico: 40, 50, 58-61, 90, 96, 97, 116
Gás inerte (aparelhos de): 84, 85
Geada: 32
Gevrey-Chambertin: 106, 162
Gewürztraminer: 130, 144, 148, 150, 151
Gigondas: 190
Glera: 60, 192
Gosto de luz: 82, 110
Gosto de rolha: 48, 49, 110, 111
Gosto de vinagre: 110
Gota (vinho de): 52
Grands Crus de Borgonha: 160-162
Grands Crus de Champagne: 164
Granizo: 32
Graves: 156, 158, 159

Grécia: 208, 209
Grenache Blanc: 172
Grenache Noir: 22, 23, 172, 176, 188-190, 196, 198
Gros-plant: 126
Guarda: 48, 80-83, 86-88
Guias: 70

H

Harmonização de prato e vinho: 112-114, 124-147
Haut-Médoc: 156
Hawke's Bay: 214
Hermitage: 136, 140, 190
Honshu: 218
Humagne: 208
Hungria: 208, 209
Hunter Valley: 214
HVE: 72

I

Icewine: ver Vinhos de gelo
IGP (Indicação Geográfica Protegida): 74, 78, 79, 172-175
IGT: 192
Índia: 218, 219
Internet: 68
Irouléguy: 180, 182
Israel: 218, 219
Itália: 16, 60, 106, 192-195

J

Jacquère: 168, 170, 171
Japão: 16, 218, 219
Jasnières: 186
Jerez: 64, 196, 198, 199
Juliénas: 152, 154
Jumilla: 196
Jura: 62, 112, 124, 130, 168-171
Jurançon: 62, 132, 144, 180, 182

K

Kabinett: 204
Koshu: 218

L

Lágrimas: 96

Lambrusco: 60, 106, 142, 192
Landwein: 204
Languedoc: 64, 106, 108, 126, 128, 130, 132, 134, 136, 140, 146, 172-174
Len de l'El: 180
Leveduras: 40, 41, 46, 52, 54, 56, 58-61, 64, 65, 100, 102, 110, 111, 170, 184, 198
Líbano: 218, 219
Licor de tiragem: 58
Limoux: 128, 130, 174
Liqueur (vins de): 64, 168
Licoroso: 50, 62, 63, 108, 132-134, 144, 148, 150, 157-159, 182, 186, 204, 206-208
Lirac: 106
Loire (Vale do): 24, 28, 78, 92, 106, 108, 112, 124, 126, 128, 130, 132, 134, 140, 144, 146, 184-187
Lot (IGP): 182
Loupiac: 158
Luberon: 188

M

Macabeo: 198
Maceração: 52, 54, 56, 57, 152
Mâcon: 114, 124, 162
Mâconnais: 160-163
Macvin du Jura: 168, 170, 171
Madeira: 64, 200
Madiran: 106, 112, 128, 136, 180, 182
Magrebe: 16, 216, 217
Maharashtra: 218
Maipo: 212
Málaga: 196
Malbec: 80, 102, 180, 182, 212, 213
Mantinia: 208
Marcas: 192
Marcillac: 180
Margaret River: 214
Margaux: 66, 156, 158
Marlborough: 214
Marrocos: 216
Maturação em borras: 102, 184
Maturação oxidativa: 64, 202
Maturação: 26, 34, 38, 42, 52, 54, 56, 64, 100, 110
Maury: 22, 64, 130, 132, 144, 174
Mauzac: 180, 182
Medalhas: 70, 76
Médoc: 128, 156, 158, 159

Melon de Bourgogne: 138, 184
Mendoza: 212
Menetou-Salon: 186
Merlot: 22, 23, 128, 156-158, 172, 174, 180, 182, 210, 212
Mesa (vinhos de): 74, 78, 172, 200, 218
Método ancestral: 182
Método tradicional: 60, 108, 182
Meursault: 128, 160, 162
Microclima: 30, 31
Millésime: 76, 80
Moelleux: 24, 50, 62, 63, 108, 124, 125, 132, 133, 144, 150, 186, 204, 206, 207
Monbazillac: 132, 144, 182
Monção: 202
Mondeuse: 168-171
Montanha de Reims: 164
Montepulciano: 192
Montlouis-sur-Loire: 144, 186
Montrachet: 160, 162
Montravel: 182
Morgon: 152, 154
Moscato d'Asti: 142, 192, 194, 195
Mosel: 204-206
Mosto: 52-54
Moulin-à-Vent: 152, 154
Mourvèdre: 80, 176, 178, 188, 196
Müller-Thurgau: 204, 206, 207
Muscadet: 112, 124, 126, 184, 187
Muscadet-Sèvres-et-Maine Sur Lie: 184
Muscat (Alsácia): 148
Muscat Beaumes de Venise: 190
Muscat doce: 124, 130, 132, 144, 174, 208, 216
Muscat du Cap Corse: 176, 178

N

Naoussa: 208
Napa Valley: 210, 211
Naturais (vinhos): 46, 68, 72, 73, 106
Navarra: 196, 198
Nebbiolo: 192, 194
Négrette: 180
Nemea: 208
Nero d'avola: 192
Niellucciu: 176, 178
Nova York: 210, 211
Nova Zelândia: 16, 24, 214, 215
Nuits-Saint-Georges: 162

O

Oceania: 16, 214
Okanagan Valley: 210
Ontário: 210
Oregon: 210, 211
Orgânicos (vinhos): 72, 73, 76, 172, 173
Oriente Médio: 14, 15, 214, 218, 219
Otago: 214
Oxidação: 46, 64, 82, 110, 111, 202

P

Pacherenc du Vic-Bilh: 180, 182
Palatinado: 204, 206
Palette: 176
Palha (vinhos de): 62, 170
Parellada: 198
Passerillage ou passificação: 62
Pasteur (Louis): 40
Patrimonio: 176, 178
Pauillac: 78, 106, 112, 156, 158
Pays (*vins de*): ver IGP
Pays d'Oc: 114
Pécharmant: 182
Penedés: 196
Pernas: 96
Peru: 212
Pessac-Léognan: 106, 126, 140, 158
Petite Arvine: 208
Pic Saint-Loup: 172
Picpoul de Pinet: 174
Picpoul: 138
Piemonte: 192, 194
Pineau de Loire: 186
Pinot Blanc: 148, 204
Pinot Gris (Pinot Grigio): 24, 25, 130, 138, 148, 150, 151, 192, 194, 195, 204
Pinot Meunier: 164-166
Pinot Noir: 22, 23, 100, 124, 130, 134, 148, 150, 151, 154, 160, 161, 164-166, 168-171, 184, 186, 187, 204, 206-208, 214
Pinotage: 216, 217
Pintor: 34
Plavac Mali: 208
Podridão nobre: 62
Polpa: 12, 18, 19, 52, 54
Pomerol: 156, 158, 159
Pommard: 66, 106, 160
Porto: 64, 80, 116, 120, 124, 130, 132, 144, 200-203
Porto Tawny: 132, 144
Portugal: 16, 48, 64, 200-202
Pouilly-Fuissé: 128, 162
Pouilly-Fumé: 184, 186
Poulsard: 168, 170, 171
Preço do vinho: 66-70, 194, 214, 216
Prensa (vinho de): 52
Prensa: 38
Prensagem (*rosé de*): 56
Prensagem: 38, 52, 54, 56, 58, 62, 64
Priorat: 196, 198, 199
Produtor: 66-68, 74, 76, 92
Produtos químicos: 72, 73
Prosecco: 60, 114, 124, 132, 142, 192-195
Provence: 56, 106, 108, 124, 126, 128, 140, 146, 174, 176-179, 190
Puligny-Montrachet: 162

Q

QbA: 204
QmP: 204
Quarts de Chaume: 184, 186
Quincy: 130, 184

R

Rasteau: 190
Régnié: 152
Regulamentação: 72-78
Remuage: 58
Restaurante: 66
Retsina: 208
Reuilly: 184, 186
Revistas especializadas: 70
Rheingau: 204-206
Rheinhessen: 204, 206
Rhône (Vale do): 22, 24, 90, 106, 126, 128, 130, 136, 140, 146, 152, 188, 190
Rías Baixas: 196, 198
Ribera del Duero: 196, 198
Riesling: 24, 80, 108, 112, 128, 132, 138, 140, 144, 148, 150, 204, 206, 210, 214
Rioja: 196, 198, 199
Rivesaltes: 130, 132, 144, 174
Rolhas: 48, 58, 82, 200, 201
Rolle: ver Vermentino
Romanée-Conti: 160, 162
Rosés (vinhos): 50, 51, 56, 57, 82, 84, 98, 106, 108-110, 116, 124, 126-128, 146-148, 154, 166, 174, 176, 178, 182, 186, 190
Rosette: 132

223

Rótulos: 72, 74-76, 196, 204
Roussanne: 168
Roussette-de-Savoie: 168, 170
Roussillon: 64, 126, 128, 132, 136, 140, 146, 172-175
Ruby: 202
Rueda: 196, 198, 199

S

Saignée (rosé de): 56, 166
Saint-Amour: 152, 154
Saint-Émilion: 156, 158, 159
Saint-Estèphe: 158
Saint-Joseph: 128
Saint-Julien: 106, 158
Saint-Mont: 180, 182
Sala de tanques: 38
Salta: 212
Sancerre: 106, 184, 186
Sangiovese: 192, 194
Santorini: 208
Saumur: 184, 186
Saumur-Champigny: 184, 186
Saussignac: 182
Sauternes: 62, 108, 132, 144, 158
Sauvignon Blanc: 24, 25, 108, 114, 124, 126, 138, 156, 174, 180, 184, 186, 187, 208, 212, 214, 215, 218
Savagnin: 168, 170
Savennières: 126, 128, 140, 184, 186
Savoie: 106, 124, 126, 130, 134, 168-171
Secos (vinhos): 50
Sekt: 60
Sélections de Grains Nobles: 150
Selo: 72, 74-77
Sementes: 18, 19, 34, 52
Sémillon: 156, 214
Serra Gaúcha: 212
Serviço do vinho: 116, 118, 120-122
Seyssel: 168
Shiraz: 22, 214, 215
Sicília: 192
Sol: 26, 28, 30
Sonoma Valley: 210
Spätlese: 204
Spritz: 194
Stellenbosch: 216
Sud-Ouest: 106, 124, 126, 132, 140, 146, 180-183
Suíça: 208, 209
Supermercados: 66, 68, 69

Sylvaner: 126, 150, 151
Syrah: 22, 23, 80, 100, 102, 172, 173, 176, 188-190, 208, 210, 214, 215

T

Taça: 94, 96, 98, 100, 122, 123
Tampa de rosca: 48
Taninos: 12, 18, 104
Tannat: 80, 212
Tanque fechado (método do): 60, 61, 192
Tanque: 38, 40, 42, 43, 52, 54-56, 60-62, 64
Tasmânia: 214
Tavel: 108, 128, 146, 190
Tawny: 202, 203
Temperaturas (adega): 82, 83, 88, 89
Temperaturas (serviço): 116-119
Tempranillo: 22, 23, 196-198, 200
Terat: 208
Terra Vitis: 72
Terrasses-du-Larzac: 172
Terroir: 30, 31, 92
Tintos (vinhos): 18, 50, 52, 53, 80, 82, 86, 96, 98, 99, 104, 106, 107, 112, 116, 124, 126-134, 136, 137, 154, 158, 162, 170, 174, 178, 182, 186, 190, 198, 202, 206, 210, 212, 218
Tokaji: 144, 208
Tomada de espuma: 58
Tonéis: ver Barris
Torrontés: 212
Toscana: 192, 194
Touraine: 112, 114, 124, 130, 184-186
Touraine-Oisly: 184, 186
Touriga Franca: 200
Touriga Nacional: 200
Tranquilos (vinhos): 24, 50, 58, 60, 148, 168
Trocken: 204
Trockenbeerenauslese: 204
Trousseau: 168, 170
Tunísia: 216
Turquia: 218, 219

U

Ugni Blanc: 176
Umidade: 82, 88
Uva de mesa: 18
Uva para vinho: 18

V

Valais: 208
Valdepeñas: 196
Vale Central (Chile): 212
Vale Central (EUA): 210
Vale do Marne: 164
Valência: 196
Valpolicella: 106, 194, 195
VDP (Verband Deutscher Prädikats): 204, 205
Veganos (vinhos): 72, 73, 76
Vendanges tardives **(colheitas tardias):** 36, 62, 64, 132, 144, 150, 151
Vêneto: 60, 61, 194
Ventoux: 188
Verdejo: 196
Vermentino: 172, 176, 178, 192
Villány: 208
Vingamento: 34
Vinho de corte: 20, 52, 54, 58, 156, 164, 165
Vinhos de gelo: 36, 62, 204, 206, 210, 211
Vinho Regional (IGP): 200
Vinho varietal: 20, 148
Vinho Verde: 200, 202
Vinos de la Tierra: 196
Vinos de Pago: 196
Viognier: 24, 25, 172, 174, 188, 190
Viticultura sustentável: 72
Vitis vinifera: 21
Vitivinicultor: ver Produtor
Vosne-Romanée: 160, 162
Vouvray: 132, 144, 184, 186

W

Washington: 210, 211

X

Xarel-Lo: 198

Z

Zinfandel: 210